PAULO EMÍLIO RIBEIRO DE VILHENA

DIREITO PÚBLICO E DIREITO PRIVADO

Sob o prisma das relações jurídicas

3ª edição

PAULO EMÍLIO RIBEIRO DE VILHENA
(06.05.1926 - 27.01.2018)
Professor Emérito da Faculdade de Direito da UFMG
Professor da Faculdade de Direito da PUC/MG
Desembargador do Tribunal Regional do Trabalho da 3ª Região.
Doutor em Direito pela Universidade Federal de Minas Gerais.

DIREITO PÚBLICO E DIREITO PRIVADO

Sob o prisma das relações jurídicas

3ª edição

Del Rey editora
Belo Horizonte
2018

EDITORA DEL REY LTDA
www.editoradelrey.com.br

Editor: Arnaldo Oliveira

Editor Adjunto: Ricardo A. Malheiros Fiuza

Diagramação: Alfstudio

Revisão: Mônica Sette

Capa: Alfstudio

Editora
Rua dos Goitacazes, 71 – Loja 24A – Centro
Belo Horizonte-MG – CEP 30190-909
Comercial:
Tel.: (31) 3293 8233
vendas@editoradelrey.com.br
Editorial:
editorial@editoradelrey.com.br

Vilhena, Paulo Emílio Ribeiro de, 1926-2018

V711d Direito público e direito privado: sob o prisma das relações jurídicas / Paulo Emílio Ribeiro de Vilhena. – 3.ed. – Belo Horizonte: Del Rey, 2018. xiii, 116 p. – Inclui bibliografia.

ISBN: 978-85-384-0543-6

1. Direito público 2. Direito privado 3. Direito – Filosofia
I. Título

CDU 340.113

Ficha catalográfica elaborada pela bibliotecária Meire Luciane Lorena Queiroz CRB 6/2233.

In memoriam

Maria José Ribeiro de Vilhena, a quem devo os mais extremosos cuidados da criação e em quem a tenacidade, a lucidez e a fidelidade pessoal foram permanente resposta aos pequenos e grandes desafios da vida cotidiana.

Maria Vitória Ribeiro de Vilhena, à infância, à adolescência e aos primeiros anos de mocidade, em que nos iluminaram esperanças e quando sonhar era uma forma de comunicar ternuras.

Maria Aparecida Ribeiro Vilhena, que com afeição e afinco jamais renunciou ao apego, à dedicação e ao toque de luminosidade, que nos identificam substancial e, por vezes, anonimamente com a vida.

Nota à terceira edição

Paulo Emílio Ribeiro de Vilhena faleceu em 27.01.2018. E nada faz mais sentido do que manter viva sua obra e possibilitar que ela transite no tempo para além da existência física do autor no mundo. Ele gostaria de ser projetado para adiante na dimensão infinita da dispersão das ideias.

É o que nós, os de sua família, tentaremos fazer.

Além de carregar essa necessidade de dar continuidade ao fluxo de seu pensamento lançado em escrita, em texto impresso, esta terceira edição de *Direito Público e Direito Privado: sob o prisma das relações jurídicas*, vem a propósito de celebrar a inserção de seu nome na Escola Judicial do Tribunal Regional do Trabalho da 3ª Região que passa a ser *Escola Judicial do Tribunal Regional do Trabalho da 3ª Região Paulo Emílio Ribeiro de Vilhena.*

Na sessão do Tribunal Pleno, do dia 02 de agosto de 2018, em que a homenagem foi consolidada, um dos argumentos a justificá-la versou a relevância deste "pequeno grande" livro, como constou da 4ª capa da 2ª edição no texto de seu ex-aluno Carlos Roberto Pellegrino.

A razão, porém, para essa nota mais detalhada, está em lembranças muito ternas: a de alunos e de professores na circularidade do tempo que vai e volta em cada um de nós.

Logo que soube que era aluna e depois orientanda de doutorado do Professor Paulo Emílio, minha amiga *Geórgia Simão Abuhid* (16.11.1960-24.12.1999) tratou de investir docemente contra mim queixando-se do sofrimento que fora cumprir a tarefa dada pelo Professor José Alfredo de Oliveira Baracho, no 2° período do curso de Direito, que havia sido exatamente a leitura deste *Direito Público e Direito Privado, sob o prisma das relações jurídicas.*

Não se diz isso para afugentar os leitores de agora e do futuro, mas para iniciá-los no sentido da obra e para aguçar sua curiosidade e iluminar prospectivas de uso da teoria que por meio dela se lança.

De fato, talvez seja preciso um pouco mais de vivência na produção teórica pela pesquisa jurídica e/ou na experimentação da prática para internalizar as linhas de entendimento e de observação do direito aqui apresentadas.

A ideia desta pequena nota, porém, é facilitar a abertura para a compreensão do texto e, sobretudo, para a utilização dele como ferramenta ou como *marco teórico* para a resposta às indagações em torno dos variados fluxos das relações jurídicas.

Há muitas obras jurídicas, de especial significado, cuja envergadura e proveito não decorrem de tamanho ou de construção fechada, por meio da qual o autor já indique todos os caminhos que podem ser percorridos como derivações dela. Para falar de algumas que me tocam singularmente, mencionaria o Viehweg de Tópica e Jurisprudência (VIEHWEG, Theodor. *Tópica y giurisprudencia*. Trad. Luiz Diez-Picazo Ponce de Leon. Madrid: Taurus, 1964), o Kaufmann de Analogia e natureza da coisa (KAUFMANN, Arthur. *Analogia y "naturaleza de la cosa": hacia una teoria de la comprensión juridica*. Trad. y estudio preliminar de Enrique Barros Bourie. Santiago de Chile: Editorial Juridica de Chile, 1976), o Ost de O tempo do direito (OST, François. *Le temps du droit*. Paris: Odile Jacob, 1999). São obras em que o direito como técnica e como realidade desponta para uma rica cena de problematização.

Este *Direito Público e Direito Privado, sob o prisma das relações jurídicas* também está entre os textos que permitem ao intérprete avançar no conhecimento da dinâmica jurídica.

Sempre que o explico aos meus alunos, peço que reproduzam a imagem de uma relação jurídica. Normalmente, eles desenham uma reta. Põem um sujeito em cada uma das pontas. No centro um bem disputado ou discutido. A reta também constitui o liame de juridicidade que se fixa entre os sujeitos.

Em seguida, tento demonstrar-lhes a complexidade efetiva das relações jurídicas na perspectiva desta obra. Os termos que Paulo Emílio Vilhena usa para indicar esse fenômeno irradiam-se a partir dos verbos *justapor, sobrepor, coordenar, conectar, desdobrar, agrupar ou depender* entre outros de mesma natureza a suscitar intercambiamento e vinculação. As relações jurídicas unilíneas, ele diz buscando a referência em Pontes de Miranda, são raras, porque toda situação jurídica envolve uma processualidade (que se desenrola na medida variável de sua duração no tempo) e, principalmente, enovela-se na teia intricada que o direito constrói para assegurar o cumprimento das regras.

O exemplo mais fácil, com o qual procuro promover a sensibilização dos alunos, diz respeito à impossibilidade de o motorista dirigir depois de ingerir bebida alcoólica.

Poucas coisas há que possam ser mais facilmente compreendidas do que as razões pelas quais alguém que bebe não deva dirigir. Os riscos advindos da diminuição de seus reflexos e da acuidade dos sentidos são flagrantes e os danos para si, para os passageiros do veículo que estiver conduzindo, para pessoas que estejam em outros veículos ou para pedestres são absolutamente factíveis.

Se é assim, a assimilação do modo correto de agir deveria ser tão natural que a existência de uma regra jurídica seria desnecessária.

Mas não é o que acontece.

Um exame do Código de Trânsito Brasileiro (Lei n. 9.503, de 23.09.1997) demonstra a insistência com que o art. 165 foi modificado com a introdução de agravamento das sanções e de mais medidas de fiscalização.

Isso significa que o ato de natureza privada, que é o de ingerir bebida alcóolica, submete-se a um rol variado *(justaposto, sobreposto, coordenado, conexo, desdobrado, agrupado ou dependente)* de relações jurídicas de *direito público* em que o Estado-sujeito-de-direito comparece para fiscalizar e/ou para a aplicar sanções exigíveis por meio de execução forçada, como focado por Hans Kelsen (*Teoria Pura do Direito.* Trad. João Baptista Machado. São Paulo: Martins Fontes, 2003, p. 121-122), em razão de dispositivos insistentemente lançados no sistema em que opera o Estado-ordem-jurídica.

Tome-se um exemplo corriqueiro. Na medida em que se contata que os motoristas não cumprem espontaneamente a regra de não dirigir quando ingerem bebida alcoólica, vai havendo o agravamento das sanções e a imposição de mais medidas em que o Estado-sujeito-de-direito atua como parte numa relação jurídica de fiscalização. Isso se vê na evolução das alterações que foram sendo introduzidas no Código Brasileiro de Trânsito desde sua entrada vigor, especialmente no art. 165. A Lei n. 13.281/2016, por exemplo, acrescentou o art. 165-A com a tipificação lastreada na recusa a ser "submetido a teste, exame clínico, perícia ou outro procedimento que permita certificar influência de álcool ou substância psicoativa". Trata-se de infração gravíssima, sujeita a multa e a suspensão do direito de dirigir por 12 meses, além do recolhimento do documento de habilitação e retenção do veículo. Também a comprovar a constância da ampliação dos dispositivos a fixar a participação do Estado como agente em relações jurídicas de direito público estão os artigos 276, 277, 291 e 302 do Código Brasileiro de Trânsito.

O exemplo leva diretamente ao que Vilhena chama de *interpolação alternativa*. O Estado-ordem-jurídica (a lei, o regulamento administrativo) intervém no âmbito das relações de ordem privada mediante a outorga ao Estado-sujeito-de-direito de competência, poder e/ou dever de, mediante relações jurídicas de *direito público*, fiscalizar e aplicar sanção àqueles que se conduzam, nas suas relações privadas, de modo a infrigir a si e aos outros os perigos que decorrem do ato de beber e dirigir veículo automotor. A possibilidade de impor a execução forçada, nos atos de exercício de poder de polícia (a fiscalização, por exemplo), que se dá sempre num feixe de relações jurídicas entremeadas, pode ser visualizada nas consequências que vão sendo ampliadas e sempre, pelo interesse que geram, com farta divulgação na mídia: perda de pontos *na carteira*, multa, possibilidade de incidência da pena de reclusão se houver prática de homicídio culposo (art. 302 do Código Brasileiro de Trânsito) ou de detenção se houver lesão corporal culposa (art. 303 do Código Brasileiro de Trânsito).

A exemplaridade não pára aí. Ela segue por vários segmentos de normatividade.

Na esfera das relações de família (e nada de mais privado pode haver do que esse âmbito da experiência humana), o Estatuto da Criança e do Adolescente prevê meios de fiscalização e de controle com vistas à "proteção integral" da criança e do adolescente (art. 1º). Há uma intricada rede de relações jurídicas de direito público, com a cominação de sanção, que intercepta a relação jurídica primária que é direito privado. Vejam-se os arts. 228 a 244-B, que trazem a tipificação de crimes, e os arts. 245 a 258-C, que tipificam infrações administrativas, fixando, em ambos os casos, a sanção correspondente.

O cumprimento das regras de direito do trabalho, a regular as relações entre empregado e empregador, em que pese a índole privada, sujeitam-se a uma vasta trama de relações jurídicas de direito público que denotam a dificuldade de cumprimento espontâneo dos padrões normativos. Assim, há a fiscalização dos agentes do Ministério do Trabalho com a cominação de multa para infrações a vários dos dispositivos (anotação de Carteira de Trabalho e Previdência Social, duração do trabalho, concessão de férias, normas de segurança e de medicina do trabalho etc.). Há a atuação do Ministério Público do Trabalho e a legitimidade para a proposição de ação civil pública que, se julgada procedente, tende à fixação de multa para o descumprimento da norma jurídica que lastreia o pedido. Ainda que se faça a opção de não entrar nas projeções das relações entre empregados e empregadores após a entrada em vigor da Lei n. 13.467, de 13.07.2017, a chamada Reforma Trabalhista, observá-la sob as várias perspectivas anunciadas pela concepção de *interpolação alternativa* pode constituir um rico canal de reflexão.

Mas a investigação densa que se faz necessária escapa aos objetivos desta nota ligeira, até porque exigiria o enfrentamento dos níveis e das sobrecargas de potesdade estatal, tema também enunciado na obra.

Porque as conexões com os vários segmentos de regulação da vida e dos interesses contrapostos pelo direito enveredam pela infinitude das possibilidades de compreensão das relações jurídicas conexas na angulação entre o direito público e o direito privado. Da fiscalização do prazo de validade dos produtos nas gôndolas dos supermercados à multa aplicada àquela que corta uma árvore sem autorização, são marcantes os exemplos de problematização dos desdobramentos das relações jurídicas de direito público naquelas que são essencialmente privadas (a venda de mercadorias e o uso da propriedade).

A expectativa é de que este livro continue a marcar o caminho de quantos a ele recorram para compreender melhor estas conexões que se distribuem pela dispersão dinâmica do direito.

Nesta 3ª edição, a primeira que se faz postumamente, optou-se por manter a íntegra do texto original. As únicas alterações feitas foram a atualização dos textos legais citados, especialmente no que concerne ao Código Civil de 2002 e ao Código de Processo Civil de 2015, e a uniformização do padrão usado para as referências bibliográficas.

De um ponto de vista muito pessoal, sentimental mesmo, meu objetivo é dar vazão e continuidade à mensagem e ao compromisso que ele inscreveu na dedicatória do volume da 2ª edição, que me destinou: "Para a Mônica, como pode a afeição ser pela inteligência e também não ser pela alma? O Paulo. BH, julho/96".

É pela alma. Sempre. É pela afeição como direção substancial para a ações humanas. É pelo espírito, que ele transcende e revive nesta obra que consigna o tônus essencial de sua compreensão e concepção do direito e das relações entre os humanos no mundo.

Belo Horizonte, agosto de 2018.

Mônica Sette Lopes
Professora Associada da Faculdade de Direito da UFMG
Desembargadora (aposentada) do
Tribunal Regional do Trabalho da 3ª Região
Doutora em Filosofia do Direito

Nota à segunda edição

A ideia de reeditar este livro, debitada como é curial ao esgotamento da primeira edição, já pelos idos de 1980, nasceu de um tributo, pequenino que seja, a *Friederich Carl von Savigny* e *Rudollf von Jhering*, referindo-se aos quais escreveu *Fikentscher*:

"Todo o Direito tem os seus deuses e seus semideuses, sendo insondável o critério definidor daquilo que, neste sentido, significa grandeza" (*Jedes Recht hat seine Götter und Halbgötter, wobei das Kriterium was in dieses Sinne Grösse bedeuter hier nicht ergründet kann*).

O tema, objeto da investigação nele desenvolvida - as angulações dos conceitos de direito público e direito privado -, longe de acalmar-se, torna-se a cada dia mais palpitante e desafiador, o que justifica a renovação de proposta das indagações e das buscas empreendidas na primeira edição.

Certamente, compreender-se-á que todo desenvolvimento do que foi antes escrito, agora trazido nesta edição, não modifica as bases antes assentadas.

As grandes inovações legislativas por que passou o Brasil, depois de 1972, principalmente por sua Constituição Federal de 1988, autorizam e exigem reiteradas reflexões e conotações em torno do tema da *summa divisio* do Direito em público e privado.

É no que voltamos a insistir, sempre sob o desafio daqueles que nos possam lançar outras luzes.

Belo Horizonte, outono de 1996.

O Autor.

Sumário

Capítulo I

INTRODUÇÃO

Ao iniciarmos os cursos das disciplinas jurídicas, tais como Direito Civil, Direito do Trabalho, Direito Internacional Privado ou quaisquer outras, que componham o *curriculum* de uma Faculdade de Direito, sempre devemos uma explicação aos alunos: distinguir o campo próprio em que se localizam as relações jurídicas dominadas pelo *direito privado* e aquele em que se implantam relações de outra espécie, compreendidas no *direito público.*

No desenvolvimento da dicotomia – *direito público* e *direito privado* –, que se aborda incidente, mas necessariamente naquelas disciplinas, e que impões aprofundado exame quando se trata de ensiná-la na cadeira de Introdução à Ciência do Direito ou na Teoria Geral do Direito, sente-se que é inseguro o campo, objeto da explanação, e que são insatisfatórias as conclusões da doutrina.

Ainda que as dificuldades intrínsecas ou extrínsecas do tema despertem sérias resistências ao seu estudo (a ponto de muitos tratadistas negarem-lhe validade e fundamento ou reputarem-no desnecessário ao conhecimento a à prática jurídica), talvez, por isso mesmo, não se possa fugir à sua investigação e ao seu entendimento.

A divisão do direito, em *público* e *privado*, além de representar uma realidade constante na vida jurídica, acha-se implantada na raiz explicativa e fenomênica do *direito positivo,* não podendo o tratamento e o ensino de qualquer disciplina jurídica prescindir de uma ideia, a mais elucidativa possível, da esfera em que se situa, tomando-se como base a clássica *divisio.*

No que diz respeito à cadeira de Direito Civil, duas circunstâncias, como que interligadas, impõem uma penetração mais acurada, senão tecnicamente mais completa, no equacionamento dos círculos de apropriação do *direito privado.*

A primeira dessas circunstâncias está em que o Direito Civil tem por missão central regular as relações jurídicas dos indivíduos ou das pessoas, que se lhes assemelham, como tais.

E a segunda circunstância – corolário da primeira – importa na formulação dos conceitos jurídicos fundamentais, que servirão de suporte à exposição de toda a dinâmica, em que se entretecem as ações jurídicas do *direito privado.*

É verdade que, na parte geral do Direito Civil, se estudam inúmeros conceitos jurídico, cujo tratamento melhor se adequaria no campo da Teoria Geral do Direito, por servirem eles, indistintamente, às disciplinas incorporadas na faixa do *direito público* e às incorporadas na do *direito privado.*

O mesmo se dá com outras disciplinas, como o Direito do Trabalho, *v.g.*, que os autores ou situam em ambos os ramos da clássica divisão, ou não sabem onde situar.

O respeito à tradição e a soma do emprego desses conceitos no *direito privado* (conceitos sedimentados na ciência jurídica, tais como pessoa, bem, fato jurídico, norma jurídica e outros) se não conferem à prática de seu estudo no Direito Civil como que uma orientação didática ideal, não a tornam, porém de todo inaceitável.

No grau de evolução em que se encontram a pesquisa e o ensino na ciência jurídica, essa retenção, no Direito Civil, de matérias radicadas por doutrinadores de indiscutível autoridade na Teoria Geral do Direito, acarreta para o pesquisador o risco de uma visão parcial da função dos conceitos jurídicos, que somente um desenvolvimento ulterior e mais completo de suas investigações fará descobrir que eles servem com justeza a qualquer dos apontados ramos do Direito.

1 O MÉTODO

O tratamento de qualquer tema, na pesquisa e na exposição, em abordagem científica, impõe, evidentemente, uma posição metodológica prévia.

Ainda que se situe a obra em um ramo das ciências sociais e normativas como o *Direito*, que alcançou elevado teor de maturidade em sua estrutura técnica, não se excluiu ao pesquisador, além da especificidade dos instrumentos de análise e da coordenação do material empregado, uma constante e retrospectiva tomada dos componentes históricos, relativos a fatos ou forças, em que mais peculiar e diversificadamente se revelou o fenômeno da divisão do *direito público* e do *direito privado.*

Exige-se, hoje – e a isso deve estar atento o estudioso –, o acrisolamento dos conceitos jurídicos. Impõem-se sua universalização e sua implantação nas bases mesmas da técnica jurídica *como suportes flexíveis,* os quais, sem comprometer a segurança do sistema, esteiam e ativam sua própria dinâmica.

Aqui se aninha a primeira inobservância dos tratadistas e dos expositores clássicos, que versam o problema da tradicional bifurcação (*direito público* versus *direito privado*).

Não pode o observador servir-se de elementos extrajurídicos ou juridicamente anódinos, como *interesse*, *qualidade dos sujeitos* ou *fim da norma*, ou *posição dos titulares jurídicos*, para, sobre eles, abrir uma linha invariável de projeção jurídica, qual seja, o *direito público* ou o *direito privado*.

Esses elementos, admite-se, contêm virtualidades históricas de impulso ou valor decisivo para a formação dos conceitos jurídicos, assim como para o seu agrupamento neste ou naquele setor do direito.

Seu conteúdo histórico, porém, não será tratado senão como fonte de informação, que não se sobreporá a seu contexto técnico-jurídico. E não o absorverá nem o substituirá como dado de construção de uma teoria elaborada em termos rigorosamente jurídicos.

Sob o aspecto das prefigurações jurídicas e de sua elaboração técnica, a posição metodológica do pesquisador recomenda vivência, trato íntimo com os conceitos sobre os quais pretende armar a estrutura daquela teoria.

Como dentro de uma tenda ou uma campânula especialmente preparada – e o mundo do direito não pode, em última análise, ser de outra maneira apreendido e considerado – devem ser isolados os elementos básicos, os conceitos jurídicos fundamentais, aqueles que necessariamente se encontram presentes em toda a conformação jurídica de base e que não podem ser arredados, sem que se desnaturem na substância de sua definição, para, somente com eles, explicar o fenômeno global objeto de estudo.

Talvez, por esse caminho, se incorra em duas omissões.

Em uma delas, o excessivo depuramento da técnica de análise e a limitação do material utilizado poderão afeiçoar à substância do trabalho formas ressequidas de expressão, como se se compulsasse um ser inanimado ou se dissecasse um cadáver.

A análise careceria de uma fisiologia vívida, não, porém, excessivamente vívida, como seria do gosto dos teleologistas extrajurídicos ou dos juristas-políticos da Axiologia.

O risco de pairar-se nas estruturas lineares do estático formalismo jurídico existe. Como existe o não menor perigo de ser-se assimilado a um kelseniano mal-entendido.

2 A FORMAÇÃO JURÍDICA

Sob o ângulo cultural e subjetivo, as propensões ideológicas ou a posição enciclopédica do pesquisador, como ponto de partida para a formação de uma metodologia no estudo, na explicação e no desenvolvimento de uma teoria da divisão do direito, em *público* e *privado*, refletir-se-ão em todas as suas etapas elaborativas[1].

Contaminar-se-ão estas, sobretudo, da política perfilhada, como especialidade, pelo estudioso. Faltar-lhe-á, em semelhantes condições ou nessa hipótese, um desanuviamento de horizontes, necessário ao manejo das ideias jurídicas que, contagiadas em seu processo técnico de disposição, não revelarão senão posições adotadas, ou combatidas, em relação a um daqueles campos fundamentais do direito.

Via de regra, esse contágio é quase imperceptível, pois o colorido afetivo, na maioria das vezes, impregna as entrelinhas dos postulados científicos, aparentemente puros.

Somente em seu conjunto é que essas acepções denunciarão uma tendência de pensamento, uma influência ou uma isenção na formulação das ideias centrais, para o embasamento da teoria.

Se disséssemos que só os tratadistas de certas disciplinas, como o Direito do Trabalho, o Direito Internacional Privado, o Direito da Eletricidade ou o Direito Econômico, gozariam de posição equidistante para abrir perspectivas a uma correta teoria do *direito público* e do *direito privado*, tendo-se em vista que essas disciplinas se encontram engolfadas em institutos jurídicos compostos de relações jurídicas de um ou de outro campo, poderíamos incorrer também no mesmo erro de perspectiva unilateral.

E isso porque partiríamos de um preconceito – nocivo como outro qualquer –, e que se revelaria na predominância de

---

1 Segundo Max Rumpf, "há, no raciocínio jurídico, uma parte a um tempo de atividade e de subjetividade maior que as outras espécies de raciocínio" (*apud* CAMPOS, 1932, p. 73. Vide também p.124-125).

princípios jurídicos de uma dessas disciplinas ou de que constituiriam elas melhor terreno de investigação, por se encontrarem em faixas limítrofes do que se vem entendendo por *direito público* ou por *direito privado.*

Como ponto de partida de fixação de conceitos e de sua distribuição, são, entretanto, tão válidas as áreas de aplicação dessas disciplinas, como aquelas que afirmamos preponderantemente *privadas* ou preponderantemente *públicas*, como o Direito Administrativo, o Direito Constitucional, o Direito Comercial ou o Direito Civil.

O reunirem-se em maior profusão, nestas últimas, e mais nítidas ou extremadamente se destacarem conceitos jurídicos que indicamos ou classificamos como de *direito privado* ou de *direito púbico* não reduz, nessas disciplinas, a propriedade de servirem de critério básico para a construção da teoria dicotômica.

O surgimento das chamadas disciplinas intermediárias, porém, abriu um novo e extraordinariamente rico veio para pesquisas, cujo conteúdo, mais complexo, para não dizer mais angustiante, obriga ao aguçamento da observação, à maior sensibilidade na percepção e à coragem para defrontá-lo como um desafio, um real desafio que haverá de redundar na remodelação técnica do direito dos nossos dias.

E, o que é da maior importância, a regionalização estrutural do direito, a sua divisão em *privado* ou *público*, não há de necessariamente guardar nexo com a distribuição das disciplinas jurídicas.

O que se adiante apenas em princípio.

3 A BASE

Para prevenir ou obviar tais equívocos, importa se formule, desde logo, uma acepção básica do que se tem *direito*, acepção essa que, na raiz das investigações diretoras deste trabalho, servirá de matriz de princípios para o lançamento de todas as suas premissas.

O *Direito*, como sistema de organização da vida social, é uma realidade. Exprime-a e disciplina-a.

Exprimindo-a, condensando formas de conduta em preceitos jurídicos, é tão real quanto a realidade a que visou cobrir e garantir.

Como técnica de força, não é a força. Contém-na, porém, dominada e orientada para a efetivação de certos princípios retores de convivência social. Aqui reside a sua legitimidade.

O que imprime o sentido do legítimo ao uso da força só se explica:

a) pela conversão de certos princípios essenciais à preservação e ao desenvolvimento do grupo em preceitos gerais de conduta;

b) pelo conhecimento prévio que o grupo tenha desses preceitos, o que atua como validade da norma que o revela.

Uma norma jurídica, uma pessoa jurídica, *stricto sensu*, são tão reais quanto uma direta imposição de conduta ou tão reais quanto um indivíduo que, no fato da coexistência, com os demais se entretém.

O processo de depuração, que se verifica na técnica da normatividade jurídica, constitui-se de formas condensadas na vida mental e que expressam um sentido que se quer dar à vida social, ao cotidiano de cada um e de todos em seu comportamento interativo.

Se as qualificamos arquétipos mentais tecnificados, as normas jurídicas não são deformações ou estereotipias de realidades psicossociais, mas de projeção de interesses que se afirmam ou se resguardam através de formas compatibilizadoras de interação social.

Por um padrão de conduta – que é a norma jurídica – está constantemente respondendo o indivíduo, e essa norma acha-se nele tão *realmente* incrustada como se nele se achasse suposta como ação natural.

Tanto isso é certo que os efeitos assegurados na norma são efeitos concretos – a complexa concreção que integra a personalidade humana, a material, a moral, a espiritual ou ideal –, que vão incorporar-se na esfera jurídica passiva do indivíduo obrigado e no patrimônio ativo do titular ou beneficiário de seus efeitos.

Juridicamente conceituada como *sujeito de direito*, a pessoa é tão real como real é o indivíduo fora da órbita do direito, visto sob o ângulo psíquico, biológico, cosmológico ou poético.

Portanto, o mundo do *direito*, das realidades jurídicas, contém, em sua força transpositiva e de representação de fatos do mundo dos seres em interação, a mesma força da realidade social ou externa, em que se implanta.

A singularidade reside em que essa realidade externa ou social se acrescenta de algo mais, que é o sistema vinculador específico que, inevitavelmente, enreda a sua dinâmica: *o direito*.

Ao lidar com os conceitos jurídicos, o jurista manipula estruturas viventes em cada indivíduo, pois, na base das pressuposições vitais em que se representa como ser – *homo* –, erigem-se círculos permanentes de interação humana recamados do sentido jurídico, sentindo que não se arreda.

A representação ideal na norma jurídica, que é preceito formal, de conteúdos biopsicológicos, traz a ilusão de algo irreal, fictício e até arbitrário.

O controle remoto é tão real quanto o controle direto. Da mesma potencialidade e atualidade compõe-se o preceito jurídico.

Nesse sentido, *sujeito de direito* é a pessoa, o homem, juridicamente considerado.

E tão realidade quanto o *sujeito de direito* - as pessoas, físicas e jurídicas - é o Estado, como organismo e como sistema de normas.

Fora do direito, o Estado é uma abstração - uma força que simplesmente foge de sua estrutura –, pois a organização estatal pressupõe a norma, e esta, a legitimação.

4 A TÉCNICA DE REVELAÇÃO

O que se pretende demonstrar é que há uma técnica de revelação da distinção entre o *direito público* e o *direito privado*, ou melhor, essa revelação pode, perfeitamente, ser aprendida na técnica jurídica pela exposição da natureza e da função de certos conceitos jurídicos fundamentais.

Para que se atinja tal desiderato, e se empreguem com propriedade e precisão os meios necessários ao seu alcance, o investigador não pode fugir ao estudo da composição e do funcionamento daqueles conceitos jurídicos.

Evidentemente, na estrutura técnica do *direito*, encontram-se conceitos jurídicos que a todo momento se repetem, se sucedem, se ligam, e que possuem natureza e função invariáveis.

Esses conceitos, geralmente compostos, integram-se de elementos constantes e simples. Através de um processo de dissecção, demonstrar-se-á que suas partículas são separáveis, autônomas e idênticas umas às outras.

Entre elas, pode alterar-se a conjugação, mas sua composição não varia, e a técnica jurídica, que as aglutina, a despeito de dever construir-se com dados permanentes - com o que se define *técnica* e sirva à sustentação e à imutável caracterização das estruturas jurídicas, como tais –, tem por fim dar escoamento à realidade social, apreendê-la, contê-la em todos os seus desdobramentos e mutações.

Os conceitos jurídicos, propriamente, em si e em sua composição, não são flexíveis. Aparentemente o são e nos levam a pensar que, com essa flexibilidade, atingem o escopo imediato de seguir e suster a maleabilidade social.

Fatos sociais, relações sociais, esses sim é que, constantemente, se mudam. Mas os conceitos jurídicos, para servir à sua realização, não se flexionam, não se alteram em sua natureza e estrutura.

Movem-se, ajustam-se e se reajustam permanentemente uns em relação aos outros.

Se assim não fosse, emperrar-se-ia a vida social, e o arcabouço jurídico, longe de compor, em suas malhas dúcteis, o fluxo e o refluxo da vida social, redundaria em uma rede estancadora, sufocante, que acabaria por estraçalhar-se à poderosa força renovadora dos fatos sociais.

Como um sistema de compatibilização, a organização jurídica constrói-se para o seguimento harmonioso da interação social. Se visa à redução do atrito, na afirmação dos interesses humanos, tem por função substituir, sem eliminar nem deformar, as técnicas diretas, rudimentares, instintivas e afetivas de exteriorização daqueles interesses conflitantes.

Por aí, vê-se que a elaboração da técnica jurídica reclama sutileza, imaginação, enquanto serve o *direito* de ponto de encontro, de intersecção entre energias vitais afirmadoras da vida e a inarredável necessidade de sua canalização em formas construtivas e ambientais de convivência.

No equilíbrio dessa contradição – forças de interesses que se pretendem destruir e sua conversão em formas compatíveis de sociabilidade – pressente-se o ingente esforço da elaboração jurídica e a oscilação das técnicas de aparelhamento e de predomínio de campos do direito, que ora temos por *direito público* e ora por *direito privado.*

Muito dificilmente se explicaria a obra histórica da divisão do *Direito*, senão como tentativa de redistribuir formas predominadoras e despóticas de afirmação de interesses.

Como técnica de contenção, atende o *Direito* aos movimentos estruturais da sociedade, à oscilação de suas forças energéticas, à prevenção das rupturas em seus quadros direcionais, sempre, porém, com índices mais elevados de aproveitamento em seu sistema de implantação.

O jogo dos conceitos jurídicos, seu aperfeiçoamento, importa na maior absorção e neutralização do atrito social, sem que se percam os interesses humanos, que tiveram por fim equacionar.

A missão da técnica jurídica é a identificação, a purificação dos conceitos jurídicos e a fixação de seus elementos constantes, ou seja, a objetiva conceituação dos suportes jurídicos fundamentais, que explicam toda a dinâmica da *ciência do direito.*

O atecnicismo jurídico consiste não só na mostra obscura dos conceitos jurídicos, no cotejo de exclusão de uns pelos outros (por exemplo, *direito subjetivo* por *relação jurídica*), como em tratá-los estaticamente, na simples consideração de seu revestimento externo, quando, muitas vezes, seus componentes só podem ser entendidos na dinâmica de toda a sua contextura.

A operação de isolamento de núcleos técnicos consiste em distinguir dados fixos, permanentes, de sua relação, que se alternam.

A observância à propriedade jurídica, a correta terminologia científica são fatores indispensáveis na elaboração de uma tarefa, em que a atividade do estudioso mergulha em regiões movediças e em que os mestres nem sempre primam por uma coerência e uma ideia diretriz nitidamente visualizada.

Capítulo II

OS DADOS DA EQUAÇÃO

1 PRELIMINARES

A divisão do *direito em público* e *privado*, na doutrina clássica, desde a forma lapidar em que a lançou Ulpiano – *publicum ius est quod ad statum rei Romanae spectat, privatum quod ad singulorum utilitatem* –, constitui-se em um dos temas mais árduos da ciência jurídica.

Deve-se isso a que seu exame envolve uma multiplicidade de acepções jurídicas e uma sintonização das sucessivas e variadas posições assumidas pelo Estado, como instrumento de ação jurídica, em suas relações com os indivíduos.

Estaria na historicidade da divisão, talvez, o seu elemento contingente de maior significação[2].

Contudo, a precariedade e as dificuldades em precisar-se o que se deva entender por *direito público* e por *direito privado*, ainda como conteúdo histórico, resultam na insustentabilidade das teorias até agora elaboradas, em virtude da evolução dos

---

[2] Para a imediata apreensão do plano evolutivo da *divisão*, vide PFAFF, Dieter, Das Problem der Unterscheidung 'Öffentliches und Privates Recht' in der Entwichlung der sowjetischen Rechtslehre. *In:* SPIES, 1968, v. 70, p. 129-131.

conceitos jurídicos e da constante remodelação por que passa a ciência[3] e a técnica de agrupamento e apreensão de relações de vida pelas normas de direito.

Somente em nossos dias - para o futuro, mais, talvez muito mais - é que o aperfeiçoamento e a despolitização da técnica jurídica vêm ensejando mais nítida, objetiva e imediata apreensão dos dados conceituais de composição jurídica, sobre que se erguem os marcos divisórios da dicotomia, apenas entremostrados na doutrina clássica.

À falta de uma participação correta do analista, de uma adequada instrumentalidade no processo arregimentador de dados e, sobretudo, da rigorosa delimitação técnico-jurídica de cada um deles, mal simulou a ciência jurídica sua impotência em fundamentar uma estrutura sólida para explicar o fenômeno que secularmente pressentia.

Compendiando todas as teorias explicativas do fenômeno na única versão de que a divisão do Direito em público e em privado caracteriza-se pela absolutização de antítese[4], Kelsen relativiza-a, subentendendo-a arbitrária ou mesmo desnecessária, eis que não existe contraposição entre o político e o privado no âmbito do direito subjetivo[5]. Em observação e focagem tipicamente sociológica, o insuperado chefe da Escola de Viena diz que o dualismo, *direito público* e *direito privado*, tem um caráter ideológico[6].

---

3 *Pound* faz coincidir, possivelmente ao influxo da lei dos três e sucessivos estados de Comte, a *maturidade do direito* com o racionalismo metafísico da elaboração legislativa, que se expressa na *maturidade da lei*, aqui representada pelo seu fetichismo, na Escola da Exegese (cf. POUND, 1965, p. 34 e 56).

4 "[...] die Verabsolutierung des Gegensatzes von öffentlichem und privatem Recht".

5 "Dass dieser ganze Gegensatz zwischen dem Politischen und dem Privaten im Bereich des subjeltiven Rechts nicht besteht" (cf. KELSEN, 1983, p. 285-286).

6 "der ideologische Charater des Dualismus" (*op. cit.*, p. 285).

É evidente que não se pode extirpar do Direito o fundo pré-ideológico que preside a elaboração de todas as suas regras e a construção, unitária e versatilizada, do ordenamento jurídico. Mas o *ideológico*, aqui, fica sempre no fundo do quadro, de que se parte para a criação, a organização, a superposição e a direção das relações jurídicas como técnica estruturada e, portanto, sedimentada de tutelar interesses, quaisquer que sejam eles. Estar-se-ia mais rente com as bases da teoria do direito se, ao invés de ficar no plano ideológico, o notável tratadista remontasse a Jhering, e a Josserand mesmo, e explicitamente reconhecesse que o princípio da finalidade é que rege toda a construção jurídica, sem esquecer jamais que a sua dinâmica jurídica tem caráter eminentemente funcional.

Como se verá adiante, não há por onde sucumbir-se a uma visão fetichista da *summa divisio*, nem para ser rejeitada nem para ser admitida.

O esmiuçamento dos dados componentes da ordem jurídica e sua função, dentro do material de investigação fornecido pela ciência jurídica de nossos dias, é o método mais adequado e talvez o mais exitoso de se compreender este implacável fenômeno da divisão do Direito em público e privado e de que nunca nos conseguimos abstrair e menos ainda escapar.

O cerne da questão, porém, não está no *direito subjetivo* a que se remete Kelsen, sabendo que, por sua universalidade conceitual, se tornava o suposto altamente precário para sobre ele assentar-se qualquer critério liberador da *summa divisio*. Talvez tenha sido a fórmula mais eficaz de o tratadista, rejeitando a bipartição clássica como incompatível com sua teoria normativa, evitar de antemão quaisquer fissuras que a pudessem comprometer.

O *punctum pluries* não está no *direito subjetivo*, mas no princípio da *tutela jurídica* que é resguardada pela tonalidade ou espécie de sanção.

Convertido em um ponto jurídico, no século XIX[7], como localização de interesses patrimoniais e políticos do indivíduo, originou-se o direito subjetivo no então chamado *direito privado* e se tornou o especial foco de irradiação de todas as relações jurídicas desdobradas neste ramo do Direito.

A latente e não tanto suposta perplexidade aberta na construção *kelseniana* tem sua explicação em Georg Jellinek, que armou a doutrina dos direitos subjetivos públicos, como uma peculiar extensão do direito subjetivo.

Lendo-se Jellinek há de compreender-se que o direito subjetivo público é aquele mesmo direito subjetivo centrado na pessoa, tal como o definiria Röder, como o direito em sua relação com o sujeito, a quem cabe prestar ou fazer prestar[8].

Jellinek, embora voluntarista, desde as palavras introdutórias de sua clássica obra, *Sistema dos Direitos Subjetivos Públicos*, jamais deixou de destacar do direito subjetivo público o seu ponto central como emanação ou desdobramento de um foco único conceitualmente invariável: o direito subjetivo, ou seja, tal direito em momento algum se destaca de seu titular, qual seja, o indivíduo[9], portanto, o direito subjetivo público, antes de público é subjetivo, *ipso facto* situado no indivíduo. Ou, por suas próprias palavras, é um poder da vontade humana reconhecido e protegido pela ordem jurídica em torno de um bem ou de um interesse[10].

---

[7] Cf. WIEACKER, 1980, p. 717.

[8] "das Recht in seiner Beziehung auf das subjekt, dem es zukommt zu leisten oder sich leisten zu lasse, wird das subjektive Recht gennant" (cf. RÖDER, 1860, v. I, p. 163)

[9] Aliás, o que adotou *Jellinek* partindo da doutrina jusnaturalista de Blackstone, quando reconhece um direito do indivíduo anterior ao Estado (*Vorstaatlich* - JELLINEK, 1964, p.1 *et seq.*).

[10] "Das subjektive Recht ist daher die von der Rechtsordnung anerkannte und geschütze auf ein Gut oder Interesse gerichtete menschliche Willensmacht" (*op. cit.*, p. 44).

Na acepção de Jellinek, o direito subjetivo se *publiciza* quando ele se torna uma *pretensão* contra o Estado, através da qual o indivíduo obterá um resultado-interesse ou o resguardará através da mão pública, o que não alcançaria como tal, indivíduo, somente[11]. Vista a medalha, porém, do outro lado, ou seja, da banda do Estado, é indiscutível que este deverá, *irrecusavelmente*, atender à pretensão do indivíduo, momento em que, na formulação por nós até aqui expendida, se forma e se caracteriza uma relação jurídica de *direito público*, inçada de sanções necessárias, ou seja, integrada em uma cadeia, em um sistema de ações de que não podem escapar os órgãos ditos públicos, sob pena de aquele que se nega a prestar ou se omite sofrer outras sanções previstas no retesamento da malha estatal[12].

Seria arrematado primarismo confundir direito subjetivo público com *imperium*, com o que se estaria negando o próprio Estado de Direito, já que o Estado, como *sujeito de direito*, atua dentro das legitimações e/ou competências que lhe outorga o Estado-ordem-jurídica.

Para que se evitem posições extremadas e prenhes de atecnia, sujeitas a gritantes e impropriedades jurídicas, é bastante lembrar Ernst Forsthoff, ao deduzir, em fórmula escorreita, que o fato de existirem direitos contra o Estado também no Direito Público só pode entender-se em razão mesmo da estrutura do ordenamento jurídico, que é uma consequência necessária da racionalização do Direito[13].

---

[11] *Op.* cit., p. 57.

[12] Vide a concisa, porém, clara conotação da doutrina de Georg Jellinek exposta por Karl Friedrichs (FRIEDERICHS, Karl. *In:* STIER-SOMLO, ELSTER, 1928, v. 5, p. 824-825, n. II, e, mais recentemente, FORSTHOFF, 1966, p. 178).

[13] "Die Tatsache, dass es auch im öffentlichen Recht Rechte gegen den Staat gibt, lässt sich nur aus der Struktur der Rechtsordnung verstehen, denn sie ist eine notwendige Konsequenz der Rationalisierung des Rechts" (FORSTHOFF, 1966, p. 178).

Cabe concluir que não existe outro *direito subjetivo público* senão este, qual seja a pretensão dirigida ao Estado para a tutela de um bem jurídico, seja do indivíduo, seja do próprio Estado por um de seus órgãos.

O contágio formal do Estado, como meio de alcançar-se o resultado de uma pretensão (o que é a raiz-versão jurisdicional do conceito), ou a inserção do ato na rede de ação do Estado – situações em que aparece a sanção irrecusável em caso de omissão –, conduz ao fenômeno da chamada publicização ou publicidade do Direito. Não mais.

Sem dúvida alguma, atina-se, sem maiores ou mais exaustivas reflexões, com que o problema da dicotomia, tratado em seus sintomas ou pelos seus efeitos externos, enreda-se em questões mais elementares, se bem que, apreendidas em suas raízes, dizem respeito à própria remodelação da técnica jurídica, de sua evolução e da revisão e reajustamento dos conceitos jurídicos fundamentais.

O domínio dos pontos-chave jurídicos e de seus ligamentos é requisito que não pode dispensar-se na conduta inicial do elaborador de uma teoria apolítica da divisão clássica do direito.

O que não dizer, então, do comprometimento do jurista, na tarefa?

Alude-se, aqui, ao rompimento com preconceitos tradicionais, afetivos e ideológicos, que encobrem e desviam a posição científica, portanto, desinteressada do tratadista.

Outras implicações, porém, não são de menor relevância.

2 RETIFICAÇÕES PRÉVIAS

Atirar-se a um empreendimento dessa complexidade (ou seja, formar um juízo, tanto quanto possível, correto da realidade fundamental que, juridicamente, se tem por *direito público* e por *direito privado*), sem precaver-se em certas posturas prévias, desvios ou desfigurações dos supostos basilares sobre que se assenta toda a construção bipartidora.

A propriedade no trato com as questões jurídicas não demanda apenas precisão conceitual.

Quando a matéria em vista se entretece de uma substanciosa variedade e diversidade em seus dados componentes, hão de o seu exame e o aproveitamento proceder-se de questões de ordem e a atitude mental do analista não poderá fugir à precisa qualificação de cada um deles e sua interdependência.

Não se lida com elementos estáticos.

Essencialmente dinâmico, o tráfico jurídico, que é onde e somente onde se encontram situações diversificadas na posição das pessoas – e que redundam na abertura conceitual da problemática da *summa divisio* – preenche-se de conceitos jurídicos que, *técnica e historicamente*, nem sempre guardaram a mesma significação.

Ao aludir-se, pois, à propriedade no trato com as questões jurídicas, quer-se com isto significar que o comportamento do teorizador se pauta em planos e esferas técnica e historicamente qualitativas[14].

Não se trata apenas do rigor na depuração dos conceitos jurídicos, isolada e unitariamente considerados. Trata-se, ainda, da correta colocação de uns e outros em suas recíprocas percussões, isto é, nos campos da ação jurídica, em que se dão seus movimentos interativos.

Em linhas gerais, a revisão de uma teoria dicotômica do direito não poderá ser cientificamente atacada senão partindo-se: **a)**

---

14 Entre sociólogos, já se observa: "Weber comienza con la comprobación, en sí misma prometedora, de que las oposiciones entre derecho público y derecho privado, así como entre derecho objetivo y derecho subjetivo, se observan sólo em la tradición del derecho occidental, y que no es posible en modo alguno distinguir em todas partes entre creación del derecho, afirmación del derecho y, por último, actos de gobierno y de administración" (GURVITCH, 1963, v. 2, p. 208. Cf., ainda, KAHN-FREUND. *Apud* RENNER, 1949, p. 61-62, nota 7).

do reexame dos conceitos jurídicos fundamentais; **b)** dos planos de seu correlacionamento; **c)** da eficácia jurídica e das técnicas, em que se revela o grau de intensidade de seu asseguramento; **d)** do conteúdo da *relação jurídica* e de sua função distributiva de efeitos diversos, na tutela dos interesses.

Armada a equação, não se pode perder de vista que seus fatores integrantes como se coordenam e se harmonizam, para exprimir um sentido unitário à estrutura do ordenamento jurídico, que só se compreende em determinada fase histórica e em determinado Estado.

3 O ESTADO – ÂNGULO JURÍDICO

O desenvolvimento do estudo das relações jurídicas, que se conceituam e se desenvolvem em determinada ordem jurídica, somente poderia ser metodologicamente situado tomando-se o *Estado* sob o *ângulo jurídico.*

A correta posição do pesquisador, que envolve técnica de alimpamento, importa em abstrair-se do Estado no plano *histórico*, no plano *social*, como uma realidade *sociológica* ou *política*, ou em sua estrutura *econômica* ou nas projeções *filosóficas* em que, tradicionalmente, se lhe buscou fundamentação ou uma explicação[15].

A *face jurídica* do Estado[16] ganha nitidez e plena autonomia quando se preenche com os supostos conceituais básicos da vida

---

15 Cf. STAMMLER, 1941, p. 67 *et seq.*

16 A concepção básica do *Estado* não é senão *jurídica*, e como tal exprime uma realidade totalizante (cf. BURDEAU, 1949, v. 2, p. 135, n. 95, p. 147, n. 107 e 108, p. 148, notas 1 e 2, e p. 197 e 198, especialmente; em sentido contrário e parcializante, DABIN, 1957, p. 14. Observe-se que o *político*, sobre o qual o autor assenta "o ponto de vista válido para abordar o Estado" (p.15), não passa de uma atitude, uma disposição ao comportamento, que só o jurídico compatibiliza e assegura. Contraditória é a ideia do mesmo autor que (p. 14) define o Estado "como *agrupamento jurídico*" (grifo nosso).

jurídica, que se convertem nos elementos integrantes do tráfico jurídico: a *norma*, os *sujeitos* e os *vínculos jurídicos* que, tutelando *interesses*, sustêm a realidade jurídica como tal.

A realidade jurídica, em que se movem as pessoas dentro do Estado e o próprio Estado como *sujeito de direito*, importa na fixação de conteúdos jurídicos para a própria ação estatal[17].

Como ação jurídica, a ação estatal é limitada por preceitos jurídicos (*Rechtssätze*) e estes preceitos é que formam o conjunto das aptidões do Estado, como *sujeito de direito*, suposto de ação e interação jurídicas[18].

A acepção é globalizadora e alcança toda a vida jurídica, em sua dinâmica intra-estatal.

Portanto, ao se elaborarem os esquemas básicos das relações jurídicas, equacionadas pelo Estado como *ordem jurídica* – donde se extraem as relações de *direito público* e as de *direito privado* –, está-se já na suposição de um plano da estrutura jurídica do Estado, ou seja, das relações ou situações de vida que, apanhadas pela órbita do direito, são relevantes para a vida jurídica.

Essas situações ou relações só devem ser captadas, analisadas e estimadas como posições jurídicas.

Fora disso, então o não-direito, o irrelevante jurídico, o despótico e/ou o anárquico.

Quando se diz que ocorre *direito público* ou *direito privado*, entende-se que a respectiva relação de vida foi apanhada ou reconhecida pelo Estado, como objeto de normatividade.

---

[17] Cf. NAWIASKY, 1952-1958, v. 2, p. 1, *et seq.*

[18] O Estado como sujeito de direito e como ordem jurídica: vide NAWIASKY, 1952-1958, v. 3, p. 3, e STAMMLER, 1929, p. 489-490. "El contrato, por ejemplo, es fuente normativa y como tal expressa una voluntad que se coloca por encima de los contratantes; y no sólo esto, sino también por encima de los órganos del Estado, que deben declarar y aplicar el derecho que nace del contrato", é o que agudamente demonstra Luigi Ferri, em sua obra La Autonomía Privada (FERRI, 1968, p. 55).

A intromissão de conceitos políticos, econômicos, ideológicos e mesmo teleológicos exclusivos, desvirtuaria, em acrescentamentos ou reduções espúrias, a análise científica do fenômeno divisório, que ora se estuda.

E tem sido esse o grave pecado das doutrinas tradicionais, que não o logram isolar e precisar, à falta de fixação dos elementos irredutíveis, que se encantonam ou nas esferas da chamada ação privada ou nas esferas da chamada ação pública.

Se não se desvendam e se identificam esses elementos irredutíveis, que são constantes categorias que compõem as linhas mestras do fenômeno, impossível será encontrar-se, para cada lado, sua diferença e seu gênero próximo.

4 O ESTADO DE DIREITO

Como rede de delimitação e compreensão de relações jurídicas de determinado grupo social, o Estado, declarando ou reconhecendo o direito, só pode ser entendido como o *Estado de Direito* (Rechtsstaat).

Como tal, conceitua-se o Estado fundado e organizado segundo normas jurídicas, ou seja, o que se estrutura em órgãos criadores, executores e aplicadores do direito e cujas esferas de ação vêm preestabelecidas, em sua contextura fundamental, no estatuto jurídico instituidor[19].

---

[19] Cf. BUZAID, 1965, p. 117, nota 3; HAURIOU, s/d, p. 284 *et seq.*; DUGUIT, 1923-A, p. 26; NAWIASKY, 1934, p. 33 *et seq.*; NAWIASKY, 1952-1958, v. 3, p. 121 *et seq.*, NAWIASKY, 1962, p. 43 *et seq.*; FORSTHOFF, 1966, p. 31 *et seq.* KELSEN, 1959, p. 96 *et seq.*, p. 119-120; KELSEN, 1962-A, p. 75 *et seq.*; MAUNZ, 1966, p. 63 *et seq.*; KRÜGER, 1966, p. 776 *et seq.*, especialmente p. 781 e 786; SCHMITT, s/d, p. 231 *et seq.*; ROUBIER, 1951, p. 26. O princípio da legitimidade da ação estatal só se explica pelo direito, como se vê nessa passagem de Larenz: "faktische Geltung muss sich in normativer Geltung legitimieren, soll sie Rechtsgeltung sein" (LARENZ, 1967, p. 47).

A distribuição da ação jurídica estatal em órgãos investidos de poderes autônomos de comportamento jurídico redunda em uma experiência histórica que tem por fim, tanto quanto possível, o mais completo asseguramento dos direitos básicos sedimentados na estrutura jurídica de cada ordenamento.

Melhormente dito, o Estado, pois é ele *poder e ação* (*Macht und Handlung*), juridicamente se autovincula e o ponto de partida que explica toda a sua dinâmica jurídica advém de outro princípio, chamado o da *regularidade da administração*[20], segundo o qual a administração não pode, eficazmente, agir sem ter um poder legal[21].

O *Estado de Direito* explica-se, pois não apenas como uma decorrência de princípios políticos-fundamentais, que se revelam e se estruturam na ordem jurídica formal e materialmente preenchida[22], mas ainda na própria *organização* do Estado, de tal maneira

---

20 Sintetiza Nawiasky: "Grundsatz der Gesetzmässigkeit der Verwaltung" (NAWIASKY, 1934, p. 35).

21 "Die Verwaltung kann nicht rechtswisksam, handeln, ohne eine gesetzliche Vollmacht zu haben" (NAWIASKY, 1934, p. 35; RAMALHETE, 1969, p. 17, e José Manoel de Arruda Alvim Neto (1968, p. 41-42), o qual situa a implantação do Estado de Direito no Brasil com a Constituição de 1891 e traz passagem de San tiago Dantas: "[...] Entretanto, o que distingue particularmente o Estado de Direito – como especificou San Tiago Dantas, cuja morte orfanou a inteligência brasileira – não é o simples fato de um ordenamento jurídico que permite incluir um Estado entre os que observam o princípio de legalidade ou da supremacia do direito; é o fato *de se pretender ao ordenamento jurídico os próprios órgãos do poder público*" (grifos nossos).

22 No direito alemão, o princípio formal basilar do Estado de Direito está contido no art. 2º da Lei Fundamental de Bonn (Grundgesetz): "die Gesetzgebung ist an die verfassungsmäassige Ordnung, die vollziehenden Gewalt und die Rechtssprechung sind na dic Gezets und Recht gebunden". A manifestação da soberania estatal, nos Três Poderes, traz sua legitimidade da vinculação à constituição, à lei e ao direito. Dentro do mesmo espírito, por direito público entende Maunz, em sentido formal, o Estado-lei e, em sentido material, o Estado-justiça (Staatsrecht in formellen Sinn: Gesetzstaat; im materiellen Sinn: Gerechtigkeit), donde advém seu magistério, segundo o qual o direito estatal – o direito público – supõe

que a efetividade daqueles princípios seja uma constante nas relações entre o Estado e os indivíduos, entre estes entre si e entre estes e as *organizações* internas admitidas pela ordem jurídica.

A *comunidade como totalidade* (*Gesellschaft als Gesamtheit*) presume todo o tráfico social, todo o sistema de coexistência empolgado e assegurado pela rede normativa de regras jurídicas, harmonicamente prefixadas.

Por outro lado, a absorção e a filtragem, no Estado, de regras jurídicas de *direito das gentes* não transmuda nem descolore os marcos fronteiriços da ordem jurídica interna, detentora e destinatária que é dos poderes asseguradores da imediata efetividade jurídica[23].

O fenômeno da *bifurcação* do direito em campos estruturais (*Rechtsgebieten*), no que toca à especificidade dos efeitos a garantir, deve, necessariamente, partir de cada construção interna, de cada ordem jurídica, porque é nela que se concentram os meios e os instrumentos jurídicos que, delimitados os círculos de ação jurídica dos indivíduos entre si e desses com o Estado, lhes assegura a respectiva eficácia.

Precisa, e bem, Amílcar de Castro: a dicotomia diz respeito, exclusivamente, à ordem jurídica interna[24].

---

tanto a segurança jurídica quanto a justiça ("Zur Rechtsstaatlichkeit gehört sowohl die Rechtssicherheit wie die Gerechtigkeit" - MAUNZ, 1966, p. 65. Já o segundo dado (a justiça) demanda critérios de apreciação valorativa, que podem incursionar-se inclusive pelos campos da metafísica de fundo místico-afetivo.

23 "[...] convém logo salientar que esta *summa divisio* nada tem a ver com o direito internacional, ou direito das gentes", como adverte *Amílcar de Castro*, em largo descortino (cf. CASTRO, 1968, v. 1, p. 89).

24 *Op. cit.*, p. 89. Na atividade jurisdicional do Estado concentra-se o poder de declaração e de absorção do *direito*. Assim explica-se o modelar axioma de Xavier *de Albuquerque*: "um Estado tanto se identifica como tal, quanto mais se afirma como jurisdicente" (ALBUQUERQUE, 1969, p. 8).

5 O FENOMENO DA INTERPOLAÇÃO ALTERNATIVA

Um dos fenômenos mais comuns à ciência jurídica - ou à incidência jurídica –, que acarreta nefastas consequências ao alimpamento de sua técnica e a nítida compreensão dos mecanismos em que se desenvolvem as relações de direito entre Estado e indivíduo, é um fenômeno muito encontradiço, que se pode denominar *interpolação alternativa.*

Em síntese, pode-se concebê-lo como o indiscriminado tratamento do Estado.

Não distinguem, ou os confundem, o tratadista ou o aplicador do direito, o *Estado-ordem-jurídica* do *Estado-sujeito-de-direito*[25].

Com não distinguir, acionam, quase sempre, o *Estado sujeito-de-direito* como *Estado-ordem-jurídica.*

A interpolação, que é alternativa, pois se usa, muitas vezes, também, *Estado-ordem-jurídica* como *Estado-sujeito-de-direito,* consiste em extrair consequências, fáticas ou jurídicas, do emprego de um pelo outro.

Na primeira hipótese - o *Estado-sujeito-de-direito* como *Estado-ordem-jurídica* –, a relação jurídica, propriamente, não se constitui e vem a ser um impossível, pois, supondo ela a presença de dois *sujeitos*, um deles, na verdade, não existe.

Aqui, apresenta-se o Estado, isto sim, como *norma*, como *ordem jurídica*, interpolado na figura do *Estado-sujeito-de-direito*[26].

Ora, apreende-se que a *norma* não se situa em um dos polos da relação jurídica, mas é o suporte linear de vinculação jurídica que, sobre determinado bem da vida, ata aqueles polos.

---

[25] Em sentido amplo, conceitua *Amílcar de Castro* a ordem jurídica como "a totalidade dos critérios pelos quais devem ser juridicamente apreciadas as relações sociais dos membros de uma comunidade" (CASTRO, 1967, p. 111).

[26] Cf., com muita atualidade, ASCENÇÃO, 1962, p. 38, n. 5.

Seja individual a *norma*[27] (*contractus ou sentença*), seja geral ou abstrata, aparece e atua na relação jurídica como ligamento jurídico, com o toque do coercitivamente sancionável.

Essa espécie de interpolação acarreta consequências mais danosas para a posição do indivíduo na relação jurídica. Por ela estabelece-se, como que juridicamente, uma *subordinação* do indivíduo ao *Estado-sujeito-de-direito*, aqui interpolado na figura do *Estado-ordem-jurídica*.

Consumada a interpolação, crê-se, aparentemente, que o indivíduo esteja em relação subordinativa em face da *ordem jurídica*, da *norma* da *lei*.

Na realidade, porém, estará ele servindo - e não relacionado - a outro sujeito, o Estado, que se apoderou das duas figuras e as acumulou em um dos polos da relação jurídica - o *Estado-sujeito-de-direito* - com as propriedades e características do *Estado-ordem-jurídica*.

A apropriação generalizada desse tipo de interpolação disfarça o despotismo estatal e serve ao domínio (*Herrschaft*), à potestade indiscriminada e absoluta (*Herrschaftsgewalt*)[28].

---

27 *Bodenheimer* tem tal acepção como antitética ou contraditória (cf. BODENHEIMER, 1966, p. 134, n. 42).

28 Aliás, de captação histórico-privatista: *plena in re potestas*. Pode-se reduzir a imagem ainda no próprio conceito de "direito subjetivo", como o fazem alguns autores, ao identificarem em seu portador uma posição de *signoria*. É o que se dá com *Barassi* (cf. BARASSI, 1955, p. 80). Em extremos de figuração jurídica, extrai-se o conceito de *direito potestativo* como o que se esgota, para o seu uso, apenas, na vontade de uma pessoa titularizada (*etwas, das vom Willen einer Person allein abhängt*). De volta a Barassi, define este *potestade* como "um modo de ser da capacidade de agir" (*op. cit.*, p. 132) e o *direito potestativo*, como aquele através do qual o legitimado "exercita um poder [...] influindo de modo direito e autônomo com a própria vontade exclusiva sobre o patrimônio de outro sujeito, de maneira tal que este sujeito não apenas esteja obrigado a atuar em seu patrimônio as modificações queridas pelo declarante, mas as deva, sem mais, sofrer" (*idem*). Como posição juridicamente incondicionada, de apropriação política, a *postetade* passa a significar um *tônus* específico e autônomo de ação jurídica do indivíduo e (por que não?) do Estado.

Como técnica política de subjugação, de absorção das forças vivas individuais e sociais e seu apoderamento antijurídico pelo Estado, apresenta essa interpolação rico manancial de experiências pregressas.

O aforismo, de autoria de Francis Bacon, segundo o qual o direito privado repousa sob a tutela do *direito público* – *at ius privatum sub tutela iuris publici latet* – e que a doutrina jurídica explica ou impugna no mesmo plano de absorção-contraposição em que o elaborou o filósofo inglês[29], demonstra essa lamentável confusão entre *Estado-ordem-jurídica* e *Estado-sujeito-de-direito*, confusão só compreensível à vista das condições de evolução e imaturidade da ciência jurídica do tempo.

A imprecisão dos dados e a falta de depuração e de autonomia dos conceitos jurídicos obnubilavam, certamente, uma visão clara do problema.

A Jellinek deve-se outro exemplo a comistão, quando, categoricamente, afirma que sem *direito público* não há *direito privado* – *ohne öffentliches Recht kein Privatrecht* – para, linhas adiante, reduzir seu pensamento com dizer que é necessária a organização jurídico-*pública*, para o reconhecimento, o aperfeiçoamento, a garantia e a execução de todo direito[30].

---

[29] Cf. MORAES FILHO, 1956, v. 2, p. 94 *et seq.*; CASTRO Y BRAVO, 1949, v. I, n. 6, p. 98 *et seq.*

[30] "[...] also ist öffentilich-rechtliche Organisation zur Awerkennung, Fortbildnung, Gerwährung und Verwirklichung, alles Rechtes notwendig ist" (JELLINEK, 1964, p. 10-11). Possivelmente tenha prevalecido, aqui, o vezo do *juspublicista* em tomar seu principal campo de investigações como pornto de partida para a explicação dos demais. Tratadistas especializados denunciam, mais à evidência, esse vício, como se colhe a *Levi Sandri*: "*Si deve inoltre tenere presente que la sfera delle norme di diritto pubblico, per la stessa natura di queste, si presenta in pozisione di supremazia nei confronti delle restante norme*" (SANDRI, 1959, p. 52 – Grifos nossos). Nota-se que se incorre em grave confusão entre *hierarquia* de normas, via de regra, apreendida no plano do formal de sua elaboração, e *natureza* da norma, no que se refere ao princípio da inderrogabilidade ou ao da derrogabilidade (cf., a

Evidentemente, refere-se ele, aqui, à estrutura normativa do Estado, tomando por *pública* a *ordem jurídica*, sem ater-se ao plano do desdobramento conceitual do Estado em seu campo de *ação jurídica*, que é onde se alojam os elementos distinguíveis na dicotomia.

No plano da estrutura normativa, o exercício do *direito privado* e, sobretudo, seu asseguramento, pressupõe o *direito público*, através do *imperium*, na sua *coercio* e na *iurisditio*[31].

Ao tornar-se detentor da organização jurídica, o Estado aciona-a dentro de um princípio de maior coesão e, como senhor da lei e do direito, traz feição sua, às normas que asseguram a sua execução, sob os ângulos hoje visíveis, no Estado de Direito, da Legislação, da Administração e da Jurisdição.

Como se verá adiante, a esse mecanismo de retenção jurídica e aos meios que o Estado emprega para movê-lo, em suas linhas básicas, chamamos, por um processo de assimilação e transposição mental, *público*.

Desenvolvendo-se o raciocínio no campo da assimilação conceitual ou da interpolação de dados, como ora se demonstra, fácil será sustentar, com as doutrinas clássicas, que não se podem manter os componentes do tráfico *privado* sem supostos de *relações jurídicas* de *direito público*, que garantem o exercício dos direitos de reparação, quando ocorrem violações decorrentes da atividade autônoma dos indivíduos.

---

respeito, PONTES DE MIRANDA, 1958, v. I, p. 51-54, letras **a** a **c**). E isso para não aludirmos ainda às regras de *sobredireito* (*Uberrecht*), que cuidam da aplicação de outras regras de direito e de cujo campo não podemos extrair conclusões de *supremacia* ou de *subordinação*, como se dá no Direito Internacional privado.

[31] Cf. ARANGIO-RUIZ, 1943, p. 39.

Aliás, a força ideativa de semelhante postulado vai a tal grau de depuramento, que a doutrina jurídica tem o *processo*, seja o civil, seja o penal, como meio de o Estado realizar o *direito objetivo*, meio que se converte em um de seus fins[32].

Ter-se-ia por insancionável a violação de um preceito de natureza *privatística*, caso o Estado não promovesse ou assegurasse, através de normas imperativas, compondo sanções subsidiariamente necessárias, a satisfação reparadora – obrigando os órgãos da administração da justiça a decidir e executar.

Dentro do mesmo raciocínio, como que guardando estreita conexão com esse postulado, pode-se assimilar a afirmação de Bobbio, segundo a qual as normas permissivas pressupõem as normas imperativas[33].

Na realidade, as esferas de criação e câmbio jurídico entre os indivíduos, que preenchem os espaços da atuação jurídica denominada *privada*, assentam-se em centros fundamentais e uniformes de concessão jurídica, onde se dá o asseguramento básico da eficácia dos atos componentes dos preceitos jurídicos individuais.

Aponte-se que os precedentes dessa acepção se encontram no Direito Romano[34].

Reelaborado, porém, o exame da questão, com a correta distribuição dos conceitos jurídicos e sua função própria na dinâmica do direito, sabe-se que o Estado, ao assumir a organização jurídica, efetiva-a através de leis e normas subsidiárias, por ele

---

32 Cf. PONTES DE MIRANDA, 1958, v. 1, p. 8 *et seq.*, e TASSO, 1942, p. 9-10.

33 Cf. BOBBIO, 1958, p. 152.

34 É o que demonstram Dulckeit e Schwartz: "Den Bereiche des ius privatum bildet demgegenüber nach wie vor lediglich das durch die einzelnen Rechtsgenossen auf Grund einer solcher Gestaltungs Befugnis gesetzte wirkliche Recht, wie etwa das auf Grund der testamenti factio errichtete Testament" (DULCKEIT, SCHWARTZ, 1966, p. 37, *c*).

admitidas, que se guardam em planos hierárquicos inerentes à sua vida[35].

Do princípio da hierarquia, porém, ou do grau de vinculação ou de intensidade de asseguramento de eficácia da lei desabrocha outro ângulo da questão - em que se arma o *Estado-ordem-jurídica* - e que diz respeito à natureza das normas jurídicas quanto ao seu poder criador, ou jurígeno, para garantir determinado efeito[36].

Ao abordar, especificamente, o tema ora desenvolvido, situou Amílcar de Castro a problemática em sua posição correta e científica, explicando que tem significação decisiva a conversão de regras *facultativas em normas imperativas*[37]. Ou seja, podemos concluir não a norma em si, mas a intensidade da eficácia jurídica que, oriunda da diferença de natureza do preceito, tenha em vista garantir.

Já a segunda espécie de interpolação, a do *Estado-sujeito-de-direito* no *Estado-ordem-jurídica*, como se este fora, importa na supressão da normatividade regular e interligadora da relação jurídica e no seu traspasse para um dos polos da relação, intumescendo-se-lhe, enquistando-se-lhe e se lhe enrijando o conteúdo personal, que se aproveitará em uma desigualdade supostamente jurídica e que, no fundo, à falta do normativo, do regular suposto

---

[35] Inestimável, aqui, é a contribuição de *Kelsen*. Veja-se, por exemplo, sua obra *La idea del derecho natural y otros ensayos* (1946, p. 227 *et seq.*). Cf. ainda, RÁO, 1952, v. I, p. 341, e PONTES DE MIRANDA, 1967, v. I, p. 281 *et seq.*

[36] Cf. PONTES DE MIRANDA, 1967, v. I, p. 116, e NAWIASKY, 1962, p. 115 *et seq.*

[37] Cf. CASTRO, 1965, p. 180. À frente, analisaremos a contribuição do extraordinário professor, cuja direção de pensamento significa um largo passo entre as recentes pesquisas científico-jurídicas para a elucidação do problema.

da vinculação jurídica, se converterá no *discricionário* e, mais, no *arbitrário*[38].

Por aí, conclui-se que se torna realmente precária a análise da divisão do direito em *público* e *privado*, sem uma exata impostação prévia da real estrutura do Estado como de sua bipartição conceitual básica, como *sujeito de-direito* e como *ordem jurídica*[39].

6 A INTERPOLAÇÃO HISTÓRICA

Outra espécie de interpolação ocorre, não menos comum nem menos perniciosa, e que se apreende como o aproveitamento de conceitos jurídicos peculiares a construções jurídicas de determinada época, que se transpõem a estruturas conformadas por princípios diversos, em emergem de organizações político-jurídicas de signo histórico diferente.

O observador mais avisado percebe de pronto que a moldura conceitual, que serve de base à elaboração dos preceitos

---

[38] O tratamento dessa interpolação como sistema doutrinário parece dever-se a *Loening*, em sua teoria do Estado como relação jurídica e que sofreu contundente crítica de *Kelsen*, em sua já citada obra *Der Soziologische und her Juristische Staatsbegriff* (KELSEN, 1962-A, p. 171 *et seq.*). À p. 172, adverte *Kelsen*, em inteira consonância com nossas pesquisas: "*Es ist einer der gefährlichsten Irrtumer, den Grund der Rechtsverpflichtung in dem Willen des Rechtsunterworfenen zu sehen*", ou seja, é um dos mais perigosos erros basear o dever jurídico na vontade (no querer) do sujeito de direito. Do que parte para uma enunciação, universalmente válida: "*Verpflichten kann nur die Rechtsordnung*". Cf. ainda, STAMMLER, 1929, p. 483 *et seq.*

[39] É verdade que em outro plano, como veremos logo adiante, ao tratarmos da natureza da norma. CF. Paul Roubier (*Droits subjectifs et situations juridiques*. Paris: Dalloz, 1963, p. 79), quando chama a atenção para a confusão existente, que se costuma fazer entre *direito público* e *objetivismo*. Das mais indicativas do fenômeno que vimos expondo revela-se, entre sociólogos, a análise de *Max Weber* (WEBER, 1964, v. I, p. 498 *et seq.*, especialmente, n. 2 e 3).

explicativos da dicotomia, modifica-se substancialmente com a evolução das instituições jurídicas.

Nessa evolução, contêm-se a elaboração e o aperfeiçoamento dos conceitos jurídicos que, tornando técnicas estruturas harmônicas da ordem jurídica, só se entendem ligados uns aos outros pelos suportes principiológicos do perfil histórico em que foram elaborados.

Somente aqui é que se pode traduzir em teorias corretas o plano da tradicional bifurcação, lançado como uma perspectiva por Ulpiano.

Ressaltam, e o demonstram, Dulckeit e Schwartz[40] que a questão da divisão do *direito público* e do *direito privado* não pode ser, atualmente, examinada nos mesmo supostos em que o foi no Direito Romano, não só em virtude do sistema em que eram tratadas as condições das pessoas, nos distintos campos, como também em relação à própria elaboração de novos conceitos jurídicos, com acepções diversas. Essencialmente, em nossos dias, parte-se de outras noções-afirmam.

Preceitos gerais que para nós, hoje, compõem o direito privado, entre os romanos integravam o *direito público*, ainda que regulando a situação dos indivíduos, como tais[41].

---

[40] DULCKEIT, SCHWARTZ, 1966, n. 4.

[41] Cf, *op. cit.*, p. 38, **b.** Por outro lado, explica-se o apontamento de Savatier: "En droit romain le jus civile, le droit des citoyens, était essentiellement une notion de droit public" (SAVATIER, 1950, p. 3). À sua vez, afirma-o Max Kaser: "Danach ist also ius publicum auch der (von Staats wegen verbindriche) Zweige der Rechtsordnung, den wir heute Privatrecht nennen" (KASER, 1966, p. 21, v. II, a). Em apreço aos direitos públicos e privados subjetivos, sustenta Jellinek ser historicamente impossível estabelecer-se um critério absoluto e uniforme de separação (Eine absolute, für alle Zeiten gültige Scheidung ist hier nicht vorzunehmen). Acha-se implicada, aqui, uma relatividade temporal e espacial, aliás, como para todo o direito (wie alles Recht) – arremata Jellinek (*Op. cit.*, p. 59. Vide, ainda, na mesma direção de Dulckeit e Schwartz, ARIAS RAMOS, s/d, p. 31; e PONTES DE MIRANDA, 1967, p. 109, n. 1 e p. 110 e 111, n. 3.

7 A RELAÇÃO JURÍDICA

Ao nos propormos examinar a questão da divisão do direito em *público* e *privado*, sob o prisma da *relação jurídica*, tivemos em vista um princípio de depuração de conceitos jurídicos e, no campo da dinâmica jurídica, a sua redução às exatas funções que devam cumprir no mundo do direito.

O levantamento das estruturas técnicas do direito e do fenômeno da interação jurídica[42], tendo-se como ponto de partida a *relação jurídica*, enseja a localização de um dado permanente, universal, unitário e elementar, que se encontra na base de qualquer ação jurídica, da mais simples à mais complexa[43].

Já como objetivo mais amplo, move-nos o cuidado de, científica ou juridicamente, circunscrevendo a diversidade do *público* e do *privado* no direito à *natureza da relação jurídica*, fazer ver que as situações estatais impositivas, a dominação de indivíduo sobre indivíduo (*Person über Person*), quando personificando órgãos públicos que extralimitam esferas competenciais, são resquícios de doutrinas jurídicas políticas passadas, que não se

42 A interação jurídica pressupõe, no tráfico jurídico, o conjunto das ações jurídicas. O preceito é totalizante. Viu-o, com exata aplicação ao nosso pensamento, *Manigk*: "*Rechtshandlugen oder juristishe Handlungen sind Handlungen eins Rechtssubjektes, die rechtlich erheblich sind, insbesondere eine Rechtswikung (s.d) erzeugen. Sie beherrschen unter der Gesamtheit der juristischen Tatsachen das private und öffentliche Recht*". "As ações, conforme o direito, ou ações jurídicas são ações de um sujeito do direito que, juridicamente consideráveis, especialmente produzem um efeito *jurídico*. Sob a totalidade dos fatos jurídicos, elas dominam o direito *privado* e o direito *público*" (MANIGK, Alfred. Rechtshandlungen. In: STIER-SOMLO, ELSTER, 1927, v. 4, p. 666).

43 Em sentido contrário, *Oliveira Ascenção* (1962, p. 35), quando fala em "alcandorar-se a *relação jurídica* a conceito básico do direito". Cf., ainda, este mesmo autor, às p. 36 e 37, e nota 32, citando a *Santi Romano*. Como essencial, porém, à vida jurídica, cf. ÁLVARES, 1969, n. 50, p. 58 *et seq.*

coadunam com uma atualidade estatal fortemente estruturada no direito[44].

A redistribuição das liberdades, princípio salutar e fundamental que centraliza a organização do Estado nos dias que correm, não mais permite a afirmação, meramente ideológica, de posições incondicionadas de supremacia do Estado em suas relações com os indivíduos.

Desde que a ação do Estado, como *sujeito de direito*, não se situe em uma *relação jurídica*, desborda para fora do direito.

Se, nesse desbordamento, afeta esferas de outrem, desliza para a *arbitrariedade* ou cai no *despotismo* que, no caso, constituem emprego de força assistematicamente dirigida.

No Estado de Direito, o depositário da força é a ordem *jurídica*, através da qual se organiza e atua a *coerção*. Aqui se entende, em seu correto sentido, a formulação jurídica segundo a qual o indivíduo só se subordina à lei, portanto, ao Estado como *ordem jurídica*, ao qual também se subordina o Estado como *sujeito de direito*.

As ordens *jurídicas* enfeixam *sistemas de direito* porque a ação prevista e autorizada pelo direito é uma ação fundada no antecipado conhecimento de suas normas, cujo processo de elaboração integra a previsibilidade dos grupos componentes da sociedade política que se erigiu em Estado.

A participação desses componentes, individualmente considerados, em *governantes* e *governados* – como os classificou Duguit –, enseja a abertura de faixas personificadas estanques, oriundas de preconceito político.

---

[44] É o que explica, com peregrina expressividade e concisão, *Bodenheimer: "El Derecho, en conjunto, comporta igualdad y no sujeción; em su forma pura es uma relación entre iguales, no entre superior y inferior"* (NAWIASKY, 1946, p. 35 *et seq.*).

Contudo, a participação nos órgãos do poder, que é representativa, não pode fugir ao fenômeno da interação[45]. Nesta, entretece-se a dinâmica da vida social, e todos os planos de sua realidade, que o direito apanha e normativiza, só se explicam através do *homem* que, como indivíduo, é o destinatário último de toda a organização estatal.

Todo homem, realidade antológica, identifica-se, em sua essência e estrutura[46], como portador de consciência e vontade. Forma conteúdos biopsíquicos unitários que, sob o ângulo do direito e no mundo jurídico, têm uma representação tecnificada, que os instrumentam e os diluem, formalizando-os em sistemas jurídicos, em ordens jurídicas[47], enfim, no próprio Estado de Direito, que de cada um e de todos se compõe[48].

A ordem jurídica, como representação abstrato-normativa de técnicas de redistribuição de liberdades - insiste-se –, tem por fim a compatibilização das irrupções e sentido afirmador da vida dos indivíduos que, por sua consciência e vontade, a erigem, a compõem e a ela se submetem[49].

---

45 Cf. DABIN, 1957, p. 19.

46 Cf. LECLERC, 1957, p. 202.

47 Cf. CAMPOS, 1961, p. 184.

48 A força de apropriação de tal postulado encontra ressonância na mais autorizada doutrina, como se vê: "[...] dans l' État, l' élément composant et agissant est, partout et toujours, l'homme, par lequel l' État existe et fonctionne" (DABIN, 1957, p. 18). Por outras palavras, afirma Jellinek que toda a atividade estatal, no interesse comum, protege e contém interesses humanos ("[...] endlich die ganze im Gemeininteresse ausgeübte Tätigkeite schütz und erhält der Staat menschliche Interessen" *Op. cit.*, p. 59). No mesmo sentido, PEREIRA, 1966, v. I, p. 32 e 36. Para o aspecto da *mediação* ou da *imediação* do interesse *público* e do interesse *individual*, vide a explanação de BOEHMER, 1965, p. 10, n. 3.

49 Costuma-se distribuir o *consentimento* dos cidadãos em consentimento passivo (mera consciência) e *consentimento ativo* (adesão emocional). Completaríamos: *racional.*

Outra técnica, mais eficaz e satisfatória, no controle ou na contenção das forças individuais de afirmação, não se logrou senão com o Direito, mecanismo exterior de preservação de esferas de interesses humanos.

Sua ação é limitadora e presidida por um princípio de força.

A direção e o domínio reelaborador dessa força revelam, em cada etapa histórica e em determinada ordem jurídica, a confluência de princípios ético-políticos na imagem estrutural do Estado.

Por aqui se mede a perfectibilidade de cada ordem jurídica, ou seja, pelo grau de intensidade de absorção e neutralização de forças sociais conflitivas e sua representação nos canais lineares da construção normativa[50].

Às aspirações ético-políticas dos membros de uma comunidade estatal responde sempre o mecanismo jurídico que, por válvulas adequadas e flexíveis de escoamento, as sedimentam e exprimem.

Evidentemente, o Estado, como *sujeito de direito*, é meio, meio de realização de interesses vitais dos indivíduos que, pela *ordem jurídica*, o compõem e o organizam. A harmonia na efetiva realização daqueles interesses pelo Estado só se consuma se ele também, Estado, pontuado na condição de *sujeito*, se subordina ao sistema geral da organização jurídica, como imposição de garantia recíproca da ação coordenada em toda a estrutura normativa[51].

---

50 Cf. BODENHEIMER. 1946, p. 33 *et seq.* Em sua acepção sociológica, o melhor direito para um povo, e o mais perfeito, portanto, é aquele que melhor lhe serve aos fins conscientes e inconscientes, e um direito civilizado é precisamente o que menos convém a uma civilização elementar, como ensina *Carlos Campos* (*Op. cit.*, p.104).

51 Cf. RADBRUCH, 1961, v. 2, p. 135 e 136.

Nenhum partícipe poderá, *arbitrariamente*, ser excluído da ordem jurídica – preceituou Stammler[52].

Menos ainda o próprio Estado, e com maior risco porque, detentor de todas as forças da sociedade política que representa, somente poderá ter contida a imoderação de seu uso pelas malhas do direito.

Se assim não for, estar-se-á diante do Estado *despótico* (*Machtstaat*)[53].

A ação estatal é, pois, uma ação vinculada à ordem jurídica, limitada por normas jurídicas.

Sobre o *Estado-sujeito-de-direito* ergue-se o *Estado-ordem-jurídica*, que cria e legitima aquele[54].

E a participação do Estado na vida jurídica, como órgão, como *sujeito de direito*, não se dá senão através de *relações jurídicas*.

Fundar uma teoria geral da divisão do direito em bases diversas será unilaterizá-la ou dar-lhe feição política ou teleológica, o que, aliás, fez com que Kelsen lhe imputasse o efeito de uma intromissão da política no direito[55].

Uma realidade, porém, subjaz na distinção. Ainda que encoberta, fugidia, controvertida, deve ser pesquisada e encontrada em seus termos elementares, nos supostos básicos de sua ocorrência. E estes devem ser procurados no dado jurídico, em que,

---

52 Cf. GOLDSCHMIDT, 1944, p. 37.

53 CF. BODENHEIMER, 1946, p. 23-28.

54 Muito penetrante é a proposição kelsiana, quando demonstra que "a proposição jurídica é um *juízo hipotético* sobre a *vontade do Estado*", a que faz remissão Nawiasky, em sua *Teoría General del Derecho* (1962, p. 37). Advirta-se que da *proposição jurídica* é que advém o *preceito jurídico*. Rege, aqui, o chamado princípio da *auto-obrigação* ou *autolimitação* do Estado, mas no específico campo da *relação jurídica*, situado o *Estado-vontade* como *sujeito de direito* (cf., ainda, JELLINEK, 1964, p. 274 *et seq.*, e KELSEN, 1983-B, p. 288, n. 39, NAWIASKY, 1962, p. 284 e FORSTHOFF, 1958, p. 101).

55 Vide KELSEN, 1959, p. 105 *et seq.*

ao primeiro momento, surge o fato distintivo entre o *público* e o *privado*: a *relação jurídica*[56].

Relação jurídica é conceito técnico. Na estruturação mental do fenômeno jurídico, representa uma categoria de pensamento que tem por objeto fixar a conexão necessária e permanente dos elementos básicos que constituem a dinâmica da vida jurídica.

Sua composição, sob pena de desfigurar-se, é indesdobrável.

Cada um de seus elementos, que esgota sua função em limites de unidade, não se aglutina, não se pluraliza, quer na ideia representativa da pessoa, quer na do vínculo, quer na do interesse a que juridicamente serve.

O uso e o gozo de bens da vida podem importar ao Direito. Podem ser objeto ou não de proteção jurídica, segundo critérios de valoração políticos-jurídica e se necessários à coexistência das pessoas. E isto se dá quando aquela esfera de apropriação individual, que atua sobre e com bens materiais e imateriais, vem a ser afetada por outrem ou demande a presença de outrem. Desde então, passa-se à formação da *relação jurídica*, que tem por fim gizar e assegurar posições jurídicas, como defesa, como ação ou como abstenção, na prática de atos de outrem ou com outrem. Em seu sistema de organização normativa, o relevante para o Direito é a certeza na fixação e na distribuição de esferas jurídicas, sobre relações de vida, assegurando-se a eficácia que não significa senão uma recomposição ou preservação ou afirmação das esferas individuais humanas e/ou personificadas como tais. Passa-se, então, à configuração de interesses juridicamente conformados e tutelados.

---

[56] O estudo de João José de Queirós (Distinção entre o direito público e o direito privado. *In:* JAMESON, 1962, v. 2, p. 107 a 110) dá um sentido excessivamente amplo e complexo à *relação jurídica*. Todas aquelas teorias que o autor classifica em função do "Objeto", do "Título", da "Coatividade", do "Interesse", etc., poderiam, no fundo, ser incluídas entre as da "Relação Jurídica", porque sob aspectos tônicos diferentes não são senão a mesma coisa, com a variação, apenas, da posição dos elementos que as compõe.

Depois de transcrever característico trecho de Hobbes, para quem a essência da lei é ordenar, Henri Batiffol observa, referindo-se ao filósofo inglês: ele funda a convicção de que é o constrangimento (*la contrainte*) que faz entrar o direito no domínio dos fatos, isto é, que lhe confere positividade.[57] Como se verá adiante, sobretudo com vistas ao critério distintivo de direito privado e de direito público, a sanção, na colocação de *Hobbes*, vem tratada como elemento ínsito, imanente na regra de direito, uma como que *legitimação* - ou *habilitação-comando* que ela representa, que se pode converter na *relação jurídica*, entre sujeito ativo (o legitimado - *berechtigt*), objeto e sujeito passivo (ou obrigado - *verpfilichted*). A simbiose, certamente sob a influência de Hobbes, é perfilhada por Paul Roubier, para quem toda regra de direito postula uma sanção, e que, a sua violação deve acarretar (*doit entrainer*) uma reação. E, aqui, vai ele ao âmago, em verdade ontológico, da questão: há sempre latente na regra uma força coercitiva, já que o direito é uma regra social, mas esta força coercitiva *não atua sempre com a mesma energia*, ela é, ás vezes, somente indireta[58], donde ele parte para a distinção entre justiça restitutiva ou reparadora, de uma parte, e justiça repressiva, de outra[59].

A partir do momento em que o Estado, no pressuposto de uma ordem jurídica previamente construída, venha a participar do tráfego social e/ou interindividual, como titularizado em direitos e obrigações (na versão publicística de *poderes-deveres*), o Estado *sujeito de direito* só o pode fazer através de relações jurídicas.

Onde não se formou a relação jurídica, o fato, a relação, como relação de vida, permanecem e estão fora do direito. E isto,

---

[57] Cf. BATIFFOL, 1979, p. 16. Rigaux, sem identificar, mas apenas assimilar uma coisa à outra, diz que o Direito comporta também sanções e constrangimentos (Cf. RIGAUX, 1974, p. 31).

[58] Cf. ROUBIER, 1951, p. 37, III.

[59] *Op. cit.*, p. 37

porque a relação jurídica é a que incorpora uma relação da vida, do mundo exterior, dos seres feitos pessoas, na ordem jurídica, relação está a que se atrela uma eficácia, que é jurídica, mais ou menos intensamente assegurada, como se verá adiante, mais explicitamente deduzida[60].

A literatura jurídica portuguesa, com orientação rica em consequências, vem-se centralizando no fenômeno da *relação jurídica*, porém vista sob um plano global. Mas só o situar a problemática nesse plano já indica uma abertura de horizontes jamais apreendida na técnica do direito, partindo-se dos antecedentes germânicos desenvolvidos em torno dos §§ 168 e 183, do BGB, com acepção transladada, no campo processual, para o § 256 da ZPO, que inspirou diretamente o direito brasileiro, como estava na redação do n. I, do art. 4º, do Código de Processo Civil de 1973 e agora está no art. 19, inciso I do Código de Processo Civil de 2015. Houve um acréscimo de complexidade à redação do dispositivo na versão em vigor. Além das ideias matrizes de *existência* ou de *inexistência* da relação jurídica, inseriu-se a expressão "do modo de ser de uma relação jurídica". Pode parecer que se tenha escandido uma acepção estática para a declaração possível, mas o *modo de ser* implica necessariamente a análise da dinâmica, da historicidade e/ou de interseções fáticas e jurídicas que tenham ocorrido na processualidade e na dialética da relação jurídica como vivência.

À advertência de Manigk, ao cuidar da eficácia jurídica e segundo o qual efeitos naturais são reconhecidos antes da lei na qual entram[61], poderemos, facilmente, adiantar que relações jurídicas não são apenas aquelas relações da vida, fora do mundo jurídico, que o direito torna jurídicas. Jurídicas são também aquelas que o direito cria, independentemente de sua preexistência jurídica.

---

60 Cf. JELLINEK, 1964, p. 36

61 *"Die Naturwirkungen sind schon da, bevor wir das Gesetz, nach denen sie eintreten, erkennen"* (Cf. STIER-SOMLO, ELSTER, 1927, v. 4, p. 756, n. 5).

É toda relação do mundo ou criada pelo direito coberta por um vínculo jurídico. Deve entender-se o paralelismo trazido pelo autor em respeito ao fundo jusnaturalista, de que sempre parte, o que se denuncia em sua máxima segundo a qual a lei natural tem força declarativa e a lei jurídica, constitutiva[62].

É preciso Von Tuhr ao dizer que as relações de vida entre os homens são reguladas pelo ordenamento jurídico, através de suas prescrições[63]. Seria irretocável, todavia, o conceito desdobrado de Lehmann/Hübner, para quem denomina-se relação jurídica uma relação juridicamente significativa e uma relação de vida juridicamente regulada[64]. Nada obstava aos tratadistas, entretanto, abrissem a alternativa, com e/ou - *und/oder* - e não se mantivesse no unívoco e restrito conectivo como se a fonte originadora da relação jurídica fosse uma coisa só.

Neste mesmo sentido deve ser entendida a imagem hipostática de José de Oliveira Ascenção, para quem, como ente primário, a relação jurídica não é criação de direito, uma vez que é ele próprio condição para o entendimento das coisas. Integra-se naquilo que uma recente doutrina alemã denomina as estruturas ontológicas do real[65].

---

62 MANIGK, Alfred. *Rechtshandlugen. In*: STIER-SOMLO, ELSTER, *op. cit.*, p.5.

63 Cf. TUHR, 1957, v. 1, p. 123.

64 "Rechtsverhältnis nennen wir ein rechtlich bedeutsames und rechtliche geregeltes Lebensverhältnis" (cf. LEHMANN, HÜBNER, 1966, p. 80, II, 1).

65 Cf. ASCENÇÃO, 1962, p. 29. Observe-se que na doutrina portuguesa, já dentro da ordem jurídica, a relação jurídica ganhou uma tal abrangência conceitual tópica, que obras vieram a público em que a relação jurídica é tomada do particular para o geral, do conteúdo pelo continente, como se vê, *v.g.* em Jacinto Fernades Rodrigues Bastos (1967), onde o Autor comenta todos os dispositivos do novo Código Civil Português, e Manuel A. Andrade (1983, 2 v.), compendiando a teoria e as posições do sujeito e do objeto de direito, o negócio jurídico em seus elementos essenciais e acidentais, a pressuposição e a prescrição; *Orlando de Carvalho* (1981), em que, saltuariamente apanhada a relação jurídica, se expõe uma teoria filosófica do Direito Civil.

Os conteúdos místicos, metafísicos, sob vestes, ora de natureza da coisa, ora de organicismo, não se desgarram das elaborações jurídicas no assentamento de seus conceitos fundamentais, como se passa, até nossos dias, com a própria relação jurídica[66], a reminiscência romana do sacro, o temor do sagrado, em que se transmuda a sanção, como meio impositivo-objetivo de assegurar-se o efeito visado na relação jurídica[67].

Entre uma pessoa e uma coisa não se forma propriamente dita uma relação jurídica em sua acepção técnica de suposto intersubjetivo (Del Vecchio) de vida jurídica. Sem preciosismos, o que há entre uma pessoa e uma coisa é uma posição jurídica, uma situação de *poder jurídico*, ou, como classifica Savigny, um *jura in re*[68], de que pode formar-se uma relação jurídica, com o surgimento ou o exsurgimento de outra pessoa, outro *polo subjetivo*.

Logo adiante, envereda-se von Tuhr pelo equívoco, quando classifica em duas categorias as relações jurídicas: entre uma pessoa e uma coisa [69] e entre duas pessoas[70].

À frente, von Tuhr, ao desdobrar mais amplamente o conceito de relação jurídica, diz significar ela a totalidade dos efeitos jurídicos de uma *relação* de *uma pessoa com outra* ou *com uma coisa*[71]. Exatamente este tópico é apanhado por Karl Larenz,

---

[66] Cf. SAVIGNY, 1949, p. 30. Fazem parte da obra Kirchmann, Zitelmann e Kantorowicz. Vide, também, ARANGIO-RUIZ. 1943, p. 114-116.

[67] A purificação ou o acrisolamento jurídico do conceito de relação jurídica, como uma relação formal, bastante em si, pode ser, incidentemente, detectada na passagem de *Torquato Castro*, quando diz que a expressão alemã *Verhältnis* - diz *Maynard* - tem um sentido mais lato que a palavra relação, servindo também para designar uma situação ou estado de cousas. A expressão *Rechtsvehältnis*, mais compreensiva que a palavra Recht, permite assinalar as declaratórias um campo de ação preciso" (MAYNARD. 1932, p. 94. *Apud* CASTRO, 1971, p. 59, nota 73).

[68] Cf. SAVIGNY, s/d, v. 1, p. 291.

[69] "[...] zwischen einer Person und einer Sache" (TUHR, 1957, p. 123, n. I, 1).

[70] "[...] zwischen zwei Personen" (p. 124, n. 2).

[71] TUHR, 1957, p. 125, n. 3.

entendendo-o reparável, pois a conexão não resulta de uma relação[72], mas é ela mesma uma relação válida, em que por seu lado, de um apenas resulta a validade dos efeitos jurídicos faticamente fundados[73].

Difícil entender como haja von Tuhr, em passagem tão lúcida da elaboração jurídica, abandonado o grande empreendedor da Ciência do Direito, que foi Savigny, quando este, sem ambages, afirma que todo vínculo de direito descansa em uma relação pessoal e, logo abaixo, mais precisamente, as relações jurídicas supõem uma pessoa determinada, seja frente a outra igualmente determinada, seja (quando desliza para o insustentável, a despeito da figuração sempre intersubjetiva) frente a todas, sem precisar nenhuma delas[74].

Em máxima lapidar, Pontes de Miranda sintetiza que a pessoa é o polo possível das relações de direito, logo quando transcreve curta passagem de O. Lenel, para quem a relação jurídica com a coisa é totalmente impossível.[75] Cabe superar a amplitude conceitual do Ministro Costa Manso quando, em voto no Supremo Tribunal Federal, no Mandado de Segurança 333, a 09.12.1936, afirmou que o direito subjetivo, o direito da parte, é constituído por uma relação entre a *lei* e o *fato*[76]. Entre lei e fato é, ou não, subseção, através da qual a lei o reveste e/ou contenha ele os pressupostos de tipicidade que ela prefigura em seu juízo hipotético. O fato jurídico situa-se como objeto, como coisa juridicizada, que é susceptível de tornar-se um interesse tutelado em uma relação jurídica. Dá-se, no caso, uma função desdobrada da lei: torna

---

72 *"Es folgt auch nicht aus einer Beziehung."*

73 "[...] sondern ist selbst enine Geltungsbeziehung, die ihrerseits aus einem die Geltung von Rechtsfolgen begründendea Tatbestand folgt" (cf. LARENZ, 1967, p. 216, n. 1).

74 TUHR, 1957, p. 304.

75 Cf. PONTES DE MIRANDA, 1954, t. I, p. 128/129.

76 Em NUNES, 1967, p. 73-74.

jurídico o fato e, ulteriormente, vincula dois ou mais sujeitos em torno desse fato, formada a relação jurídica.

Quando se aborda a temática em torno da conceituação e dos campos do direito público e do direito privado, é da maior importância se aclare bem que a ordem jurídica somente compõe o seu tráfego e o vir-a-ser entre as pessoas através de relações jurídicas, que pressupõem sempre polos subjetivos, de que não pode desconsiderar-se o indivíduo defronte o Estado. Sem a transposição para o domínio do *ius publicum*, Pontes de Miranda, todavia, na esfera do direito das coisas, lembra, e bem, que a ordem jurídica somente atua e somente pode atuar por meio de proibições a pessoas e coerção de pessoas[77]. Ao cuidar-se da posição do Estado, como *sujeito de direito*, vê-se que, ainda que aparentemente uma relação de *potestas*, existe uma relação entre pessoas, regida por comandos rígidos, autorizativos ou proibitivos, ainda que de natureza coercitiva.

Ao tomar a relação jurídica como a relação originária da vida jurídica, de que se parte para a composição de toda sua dinâmica, uma das mais autorizadas correntes da doutrina jurídica alemã vai buscar seu fundamento no preceito kantiano, segundo o qual os homens devem ser considerados como tais semelhantes e a humanidade na pessoa de cada um, considerada.

Sob esse prisma, assenta-se o direito em um conteúdo negativo: o de o indivíduo aos demais em seu ser-pessoa e em sua dignidade não lesar[78].

Daqui nasce a inicial consideração jurídica, que se deve de uma pessoa a outra – o de a pessoa não ser lesada –, ponto central em que se situa a relação jurídica básica, ou o suposto de qualquer

---

[77] NUNES, *Op. cit.*, p. 128, n. 5.

[78] "*Das Gebot des Achtens hat daher als Rechtsgebot lediglich einen negativen Inhalt: den anderen in seinem Person-Sein und in seiner Menschwürde nicht zu verletzen*" (cf. LARENZ, 1967, p. 60).

relação jurídica, pois cada um está para com outrem como pessoa que é e nesse suposto forma-se a relação do recíproco considerar jurídico, ponto em que se abriga o princípio da alteridade do Direito.

Como conclusão, extrai Larenz desses princípios, seu conceito de relação jurídica básica, que reconhece como o direito de cada um ser considerado como pessoa pelos demais e, ao mesmo tempo, como o dever para todos os outros considerarem-no como pessoa[79].

Donde não se conciliar, nos supostos filosóficos do conceito de relação jurídica, a sua possibilidade de relação entre uma pessoa e uma coisa ou a a relação jurídica compondo-se de uma só pessoa e coisa, menos ainda conciliar-se com a *coisificação da pessoa*[80].

Aliás, Larenz, em nota, criticando o conceito de capacidade jurídica de Fabricius, que fala não ser muito feliz, explica: corretamente é verdadeiro que só a pessoa pode agir, isto é, ser sujeito de uma relação jurídica.[81]

Até onde a relação jurídica não aparece tão nitidamente (*elle manque de netteté*, segundo Du Pasquier), como nos domínios dos direitos reais, a verdade é que todos os preceitos jurídicos que cercam o sujeito ativo, o proprietário, o possuidor, o fazem em função da ou das relações jurídicas, que possam advir daquela função jurídica reconhecida, negativa ou positivamente.

Nada mais evidente que, se direitos possam ocorrer aqui, estes se formam de fatos, interesses, que constituem objeto de defesa jurídica na formação das relações jurídicas com terceiros, possuidores, arrendatários, turbadores, enfiteutas, etc.

---

79 LARENZ, *op. cit.*, p. 6.

80 Cf. Savigny (s/d, p. 30), que ou clara ou tacitamente o admite.

81 “Richtig ist zwar, dass nur die Person handeln kann” (LARENZ, *op. cit.*, p. 129, n. 1)

É lapidar a asserção de Jellinek: uma vez que a fruição jurídica, em si, não leva a relações com outrem, é um ato indiferente.[82] Um desdobramento arguto pode encontrar-se em Wille Duarte Costa, quando inclui na figura dos sujeitos de direito (ativa e/ou passivamente) os por ele chamados patrimônios agregados, exemplificados com a massa *falida* e o *espólio*.[83] Por aí mesmo vê-se que a extensão não significa a ereção de uma coisa em sujeito de direito e sua figuração como polo de uma relação jurídica. Ocorre, em tais hipóteses, a *personificação* ou, melhormente, a *personalização* de um *patrimônio* agregado e expresso em uma situação especial, que è o processo. Como sujeitos processuais de direitos e deveres, a *massa falida* e o espólio compõem inúmeras relações jurídicas, em que se pontuam direitos e obrigações os mais variados de direito material e de direito processual.

Duas referências análogas devem ser feitas: às antigas empresas incorporadas ao patrimônio da União Federal e às fundações.

No que se refere às empresas incorporadas, aparentemente elas formavam relações jurídicas obrigacionais, formando a ilusão translatícia, pela qual um objeto de direito (coisa) estaria na posição de um sujeito de direito.

Sabe-se, e é de elementar conhecimento, que a partir do momento em que se atribui dever jurídico ou direito a um ponto qualquer da natureza, estar-se-á fisionomizada a condição de sujeito de direito, pois este só passa a existir a partir do momento

---

[82] "Rechtsgenuss, sofern es keine Beziehungen zu andern hat, ést gleichgültige Handlung" (JELLINEK, 1964, p. 56). Bastante elucidativos são os desdobramentos que o autor traz, quando acentua que a ordem jurídica permite que "eu venda, alugue, ou empreste o meu cavalo; se eu o cavalgo ou se o uso para tração, é totalmente indiferente à ordem jurídica". Não significa isto, porém, que o indivíduo e o cavalo não tenham entrado para a ordem jurídica – mas não como relação jurídica, porém, e visivelmente, como forma de poder jurídico.

[83] Cf. COSTA, 1994, p. 25-26.

em que se torna um centro, uma esfera jurídica de poderes e deveres ou de direitos e obrigações. O sujeito é sujeito-função.

Quando a ordem jurídica, em uma esfera como a trabalhista, conferiu direitos aos empregados das empresas incorporadas ao patrimônio da União ou por estas administradas (historicamente pelo Decreto-Lei n. 8.249 de 29.11.1945, por exemplo), é evidente que tais patrimônios (que são coisa, objeto jurídico) ganharam personificação para aqueles fins e se tornaram titulares de direitos, mas também sujeitos de obrigações para com os seus empregados, inclusive passíveis de execução judicial, que devia observar o mesmo rito das execuções contra a Fazenda Pública (decreto-lei citado, art. 3º).

Já as fundações, que se conceituam como patrimônios personificados, somente serviram passageiramente para a elaboração de uma teoria de direitos sem sujeito, tendo como corifeu Brinz e já, ao tempo adversada, entre outros, por Gierke[84]. Entretanto, ao se conceituarem como personificação de massas de bens[85], já se te indicado que necessariamente participam de relações jurídicas como *pessoas* e não como *coisas* em si.

Se a ordem jurídica, ao agasalhar tais patrimônios, lhes imprime uma tutela especial, através de relações jurídicas de Direito Público (além das privadas), não há de isto significar, com a ingerência fragmentária do Estado, que se tenham elas transformando em pessoas jurídicas de Direito Público.

Em suma, e na *relação jurídica*, através da absorção jurídica de conteúdos de vontade, que as ações fáticas (*Tathandlungen*) se transformam, se revelam, em ações jurídicas (*Rechtshandlungen*), isto é, as ações humanas, como que revestidas ou impregnadas do normativo, envolvem efeitos juridicamente assegurados, com maior ou menor intensidade.

---

[84] Vide GARCIA, 1971, p. 282-288.

[85] Cf. NAWIASKY, 1962, p. 250, n. 3.

A vida jurídica alicerça-se em conceitos fundamentais que a estruturam e lhe condicionam a dinâmica.

Esta dinâmica, todavia, supõe, a existência de *sujeitos* e de *um nexo*, que ligue uns aos outros no entretecimento da vida jurídica. É a relação, que é nexo jurídico e só concebível entre *sujeitos*[86].

Se se visa ao efeito, à eficácia jurídica, é curial que só pode ocorrer o efeito no suposto de uma pessoa para com a outra. Portanto, as relações de vida que, pela sua significação, compreendem situações fundamentais para a sobrevivência do meio social, como um processo normal de interação, tornam-se jurídicas, porque efeitos passam a ser criados e/ou assegurados como forma de tutelar interesses[87].

Para melhor entender a figura do desdobramento das relações jurídicas, em que se explica até a concorrência de relações jurídicas de direito público, como entre si superpostas e superpostas às de direito privado, no círculo dos institutos jurídicos em que elas se agrupam, torna-se indispensável se alinhem os dados equacionais que abaixo se seguem.

A relação jurídica é forma técnica, anódina, no Direito através da qual, em sua estrutura elementar, uma pessoa se vincula a outra em torno de um objeto: dois sujeitos (o passivo x o ativo), um objeto e um vínculo jurídico (a norma) constituem a relação jurídica, que é a relação jurídica *simples* (o crédito de um sujeito para com o outro). No preenchimento da ordem jurídica, em sua dinâmica, elas, entretanto, como que se desdobram,

---

86 Cf. LEGAZ Y LACAMBRA, 1947, p. 122; WINDSCHEID, 1930, v. 1, p. 150 e, especialmente, 175 *et seq.* As retificações atualizadoras, pontuando a pessoa jurídica como realidade jurídica, são exaustivamente dissertadas por MICHOUD, 1906, v. 1, p. 68 *et seq.*

87 Sobre *espaço jurídico livre*, em que está nas bordas do não direito, é da maior importância o desenvolvimento de Wolfgang Fikentscher em sua clássica obra *Methoden des Rechts* (FICKENTSCHER, 1977, v. 4, p. 160-164 *et seq.*).

se multiplicam, sempre uma conectada à outra, quando passam a ser ou coordenadas, ou justapostas, ou dependentes, ou principais, ou acessórias. Lembra bem Pontes de Miranda, quando deixa entrever a sua incipiente forma unilínea (donde falar em relações jurídicas *unigeradoras*) que todo direito, dever, pretensão, obrigação, ação ou exceção só existe porque existe relação jurídica eficacial[88]. São raras as que se contêm unicelularmente, já que, no geral em todas as esferas da vida jurídica, elas são agrupadas exibindo componentes opostos dentro até mesmo de sua forma unitária, quando vulgarmente se fala que *ius et obligation correlata sunt*. Neste teor devolutivo, já não se fala mais em relação jurídica unitária ou incipiente, mas em relação jurídica desdobrada, em que o sujeito ativo vem a ser o sujeito passivo e este aquele quando de um débito resulta um crédito e para ambos os titulares, advêm direitos, pretensões ou ações ou exceções diferentes, embora conexionadas. Esta contraposição alcança seu clímax no instituto de *confusão*, como a disciplinam os arts. 381 e 384, do Código Civil de 2002[89].

O aparecimento de outra pessoa, além de duas (sujeitos), ou a intercepção de novo interesse sob tutela (direito ou obrigação, como objeto), ou a sua vinculação sob a cobertura de outra norma jurídica - qualquer dessas alterações na estrutura linear da *relação jurídica* acarreta uma sucessão, uma acumulação, por emparelhamento, por correspondência ou por interdependência, ou não, de *relações jurídicas*.

---

88 Cf. PONTES DE MIRANDA,1954-1969, t. I, p. 122, n. 3.

89 Ludovico Barassi chega a sintetizar a forma jurídica tecnicamente construída, a despeito de intercalar o vínculo como se fosse uma posição unilinear, quando ele é um dos elementos essenciais da relação jurídica, que liga as partes e gera a eficácia jurídica. A construção dogmática do grande privatista italiano é escorreita: *Il rapporto que nasce e muore in um medesimo soggeto non à piú um vínculo, mas uma relazione*" (cf. BARASSI, 1955, p. 80; cf., ainda, Código Civil de 2002, art. 381).

Sua estrutura englobada, como a viu Savigny e a sistematizou, à primeira vez[90], vem sendo empregada como se unitária fosse e aí reside a raiz de toda a insuficiência, a lamentável confusão, que ocorre na dogmática jurídica, quando de seu emprego na armação doutrinária.

A ilusão e o equívoco vem consistindo nisso: em tomar a unidade – que é o que chamamos *relação jurídica*, integrada de seus elementos simples e inarredáveis, como sejam, *dois sujeitos*, *um direito* versus *um dever* (o interesse objeto de tutela) e *uma norma jurídica* – pelo todo, isto é, o conjunto de duas ou mais *relações jurídicas* interligadas pela conexão, interdependência ou pela múltipla reciprocidade de direitos e obrigações.

Desde que se defrontem duas pessoas, uma titular de um direito e outra à primeira ligada pelo correspectivo dever ou obrigação, aí está a *relação jurídica* em seu sentido estrito, técnico e de universal apropriação na dinâmica jurídica[91].

---

[90] Cf, *op. cit.*, no original *Der heutigen Römisches Recht.* A doutrina francesa dá-lhe-á *relação jurídica* (*rapport du droit*) – antecedentes em Ortolan e Roguin. Aquele viveu de 1802 a 1873, enquanto Savigny, de 1779 a 1861 (cf., a respeito, DU PASQUIER, 1948, p. 102, n. 127).

[91] "Ein Rechtsverhältnis des Privatrechts enthält als eines seiner Elemente stets (mindestens) ein 'subjektives Recht' [...]. Es kann in einem einzigen subjektiven Recht und der ihn entsprechenden Pflischt bestehen" ("Uma relação jurídica de direito privado contém como um de seus elementos (no mínimo) um 'direito subjetivo' [...]. Ela pode consistir em um único direito subjetivo e no seu correspondente dever"), segundo *Larenz* (1967, p. 214). Situa *Pontes de Miranda* a questão em termos suficientemente claros: "À relação jurídica pode somente corresponder um direito, de modo que esse lhe exaure o conteúdo (reparação do dano mútuo), ou dois ou mais direitos. De ordinário, ela abre margem ao surgimento de direitos e deveres, pretensões, ações e exceções". PONTES DE MIRANDA, 1954, v. 1, p. 124, § 42, n. I). Entretanto, se se verificam vários direitos e várias obrigações (ou deveres), haverá, então, relações jurídicas ou (admite-se) *uma relação jurídica composta ou complexa* (cf., ainda, LEHMANN, HÜBNER, 1966, p. 80).

Quanto à sua formação, tanto pode resultar de uma relação de vida, juridicamente apreendida, como pode ser uma criação do direito.

Por isso, deixamos de conceitua-la como *uma relação de vida juridicamente tutelada.*

Sua acepção torna-se mais simples e assim a temos: *relação jurídica* é aquela através da qual juridicamente se vinculam duas pessoas, tendo por objeto um interesse.

A fixação de seu conceito unitário e simples[92] constitui posição imprescindível para o erguimento de uma teoria correta das ações jurídicas, dos efeitos jurídicos e do asseguramento de sua eficácia. Nesse pressuposto, há de assentar-se, também, a explicação para se ramificar o direito em *público* e em *privado*. E isto, em razão do fenômeno da superposição de *relações jurídicas*, como será exposto adiante e que serviu de ponto de partida para a mais precisa identificação do problema.

Como conceito técnico, a *relação jurídica*, em si, não define um parcelamento de interesse, juridicamente organizado. Sua característica está em ser neutra, incolor.

De seu conteúdo não se extrai uma direção tutelar do ordenamento jurídico, mas, apenas, um nexo entre um dever (qualquer que seja) e *um direito* (não importa sua natureza), em que se defrontam dois polos (os sujeitos).

---

[92] O Código Civil Alemão, abrindo o campo da vinculação jurídica pela relação obrigacional, retém o conceito inicial de *relação jurídica* na existência de *um só direito* e de *uma só obrigação*, como se vê de seu §241: "Kraft des Schuldverhältnisses ist der Gläubigerberechtigt, von dem Schuldner eine Leistung zu fordern" (por força da relação obrigacional está o credor legiumado a exigir do devedor uma prestação.) Bibliográfica e informativamente, cf., ainda, CUNHA GONÇALVES, 1955, v. 1, p. 333; SAVIGNY, s/d, p. 29; ANDRADE, 1964, v. I, p. 2, n. 2; TUHR, 1957, p. 123 *et seq.*

Em uma só *relação jurídica* não se encontram critérios valorativos de preceituação jurídica, senão em seu agrupamento, através de direitos e deveres que se entrecruzam.

Insiste-se: unitariamente considerada, a *relação jurídica* é incolor. Somente a reunião, o cruzamento ou a superposição de relações jurídicas é que revelarão um princípio organizado de tutela de interesses, uma situação jurídica, um instituto jurídico[93] (conceito que tem tonalidade fosca e, quase sempre, difusa), uma posição jurídica firmada segundo um princípio jurídico.

Não se conceitua *relação jurídica* como *situação jurídica* nem como *instituto jurídico* nem como *negócio jurídico* (aqui, o vício corrente, sobretudo entre os processualistas, pois qualquer desses traz em si a ideia de organização, de agrupamento de *relações jurídicas*[94]. Admite-se tal emprego como uma abstração ou um processo de simplificação de expressão jurídica. Nunca, porém, como uma afirmação técnica elementar ou como ponto de partida para a construção do raciocínio jurídico e da dinâmica jurídica.

Incorre em grave equívoco a corrente doutrinária que só concede valor conceitual e importância dogmática às relações jurídicas complexas, como um todo, a que titula "relação jurídica". Àquelas, define-as *Lehmann* "soma das relações jurídicas que se referem a uma relação jurídica determinada"[95].

---

[93] Observa Oliveira Ascenção que falar em situação jurídica é, a todos os títulos, suficiente para abranger a situação juridicamente valorada (1962, p. 43). Deve dizer-se: *não valorada*, mas *qualificada*, pois o *valorada* já indica uma direção na tutela jurídica, enquanto o *qualifica*, antecede-a e indica a incidência da regra de direito, como acepção puramente técnica, apolítica, em sua preliminar função de apreender fatos, juridicizando-os.

[94] Veja-se a duplicidade acepcional no mesmo autor e na mesma página: "O casamento e relação jurídica [...] das relações jurídicas entre os cônjuges" (GOMES, 1968, p. 115).

[95] Cf. CASTRO Y BRAVO, 1949, p. 555, n. 2. A despeito de criticar o desvio, o grande tratadista espanhol nele incorre, ao conceituar a *relação jurídica*

Quando se agrupam *relações jurídicas*, já se está dentro de um princípio organizativo e já se compartimentou e se definiu uma soma de interesses a serem tutelados.

Deu-se direção, colorimento, a direitos e deveres, entre dois ou mais sujeitos. O encadeamento, a que se ligam dois ou mais sujeitos, através de *relações jurídicas* simples que se aglutinam, redunda no *instituto jurídico*, na *situação jurídica* (fosca, insistimos, a despeito de *Roubier*), no *negócio jurídico* (plano privado, via de regra), na *posição jurídica* inter-relacionada dentro de certo princípio de tutela, que se traduz pela distribuição e pela tonificação das sanções.

Como exemplos de relações jurídicas simples (unitariamente consideradas) podem apontar-se os casos de sub-rogação pessoal, quando uma pessoa natural ou jurídica substitui outra na relação de direito, bem lembrado por Caio Mário, no encalço dos arts. 985 e seguintes do Código Civil de 1916, incorporados nos arts. 346 e seguntes do Código Civil de 2002, assim como as decorrentes de direitos e obrigações divisíveis e indivisíveis (art. 257 a 263 do Código Civil de 2002)[96].

Tome-se a Lehmann-Hübner a limpidez da distinção entre relações jurídicas *simples* e *compostas ou complexas*, decorrentes da acumulação ou da congregação das primeiras: de regra, não existe relação jurídica puramente oriunda de uma relação de poder (como, por exemplo, no § 607), mas contém ela uma serie de tais relações (como, por exemplo, a compra e venda – § 433) ou a propriedade). Aqui fala-se de uma relação jurídica composta e entende-se por ela a soma de uma relação de vida unitária

---

como *situação jurídica*, no plano do organizado, segundo certo fim (p. 556, n. 3). Cf. o art. 1.321, do Código Civil italiano, em que se equiparam *relação jurídica patrimonial* e contrato. No mesmo equívoco, MONTEIRO, 1971, v. 4, parte I, p. 220.

96 Vide ainda PEREIRA, 1966, v. 1, p. 253-255 e GOMES, 1968, p. 146-149.

agregando isoladas relações jurídicas[97]. Ao aludir a relações jurídicas *unigeradoras* e *multigeradoras*, exemplifica-as Pontes de Miranda, às primeiras, o empréstimo, a lesão corporal, e, às segundas, as locações, a sociedade, o mandato[98]. Cabe advertir, como se entrevê nas citações acima, o risco de se confundirem negócios jurídicos (institutos jurídicos) com feixes de relações jurídicas, pois o empréstimo gera uma sucessão, um encadeamento de relações jurídicas, como o gera a lesão corporal.

No mesmo equívoco vem-se incorrendo quando se aborda o instituto do distrato.

Pelo distrato não se desfaz uma *relação jurídica* (em sua correta acepção técnica) mas um *negócio jurídico* através de relações jurídicas, pois no distrato, via de regra, prevêem-se direitos e obrigações pelos quais devem pautar-se as partes para o desfazimento do negócio que só se apagará quando nexo nenhum mais sobreviver entre os distratantes. Frederico Castro Y Bravo, em coro com De Buen e Messineo, sublinha que o elemento básico de todos os conteúdos jurídicos não é o direito subjetivo, mas a relação jurídica[99].

Significativo exemplo de *relações jurídicas* que se entrecruzam encontra-se em Ascarelli, quando alude à "concorrência de relações jurídicas"[100]. Sua acepção, porém, não traz a precisão individuadora do que se entende por *relação jurídica* simples, em sua força linearmente elementar.

---

97 Em suas próprias palavras: "Einfaches Regelmässig besteht ein Rechtsverhältnis nicht bloss aus einer einzigen Machtbeziehung (wie z. B. in 607), sondern enthält eine Reihe solche Beziehunge (wie z. B. das Kaufverhältnis 433 oder das Eigentum). Hier spricht man von einem zusammengesetzten Rechtsverhältinis und versteht darunter die Summe der auf eine einheitliches Lebensvehältnis sich bezihenden einzelnen Rechtsverhältnisse" (LEHMANN, HÜBNER, 1966, p. 80, 2).

98 Cf. PONTES DE MIRANDA. 1954-1969, v. 1, p. 131, n. 7.

99 Cf. CASTRO Y BRAVO, 1949, p. 553, nota 1.

100 Cf. ASCARELLI, 1943, p. 128 *et seq.*

A "concorrência de relações jurídicas", a que se refere o autor, diz respeito a grupos de direitos e obrigações, figurados em um título jurídico, que se podem opor a grupos de direitos e obrigações, integrantes de outro título jurídico, entre dois sujeitos.

No plano em que apreendemos a *relação jurídica*, o entrecruzamento dá-se desde o momento em que *posição jurídica* dos sujeitos se alterna e se recambia, sem que isto importe em imediata extinção de direitos e obrigações.

Paralelamente à posição de crédito (legitimado), o sujeito ativo está também vinculado por uma obrigação, um débito, que é um dever jurídico, cuja exigibilidade está nas mãos do sujeito passivo, devedor da primeira, principal ou coordenada obrigação.

A simples existência de um débito, de dever ou uma obrigação, configura a *relação jurídica* tecnicamente e não organizativamente compreendida, que conceituamos como aquela relação que se forma do vínculo jurídico estabelecido entre duas pessoas, através do qual ao poder jurídico de uma corresponde uma prestação (*lato sensu*) de outra.

Seus elementos são *unilineares:* um sujeito defronte a outro, um fato ou uma omissão prestáveis e uma norma vinculadora.

Seu *objeto* ou *conclusão* pode desdobrar-se em inúmeras prestações (positivas, negativas). Dividem-se em *deveres* (tidos como de doente negocial ou de ato jurídico unilateral).

Entendem-se *relações jurídicas compostas* em termos de reciprocidade. Se se fala em *obrigações conjuntas*, alude-se, também, a vários sujeitos (sejam credores, os da posição ativa ou legitimados, sejam devedores, os da posição passiva ou obrigados)[101].

Verifica-se, aqui, um *desdobramento* de vínculos[102].

As prestações são *determinadas* ou *determináveis*.

---

[101] Cf. MARTINS, 1961, p. 27.

[102] Elucidativa é, em seu desenvolvimento, esta passagem de *Antunes Varela*: "Mercê da Conjunção, a obrigação divide-se em vários vínculos: tantos quantos os sujeitos do lado plural da relação" (VARELA, 1970, p. 521).

Se há objetos *independentes*, à prestação chama-se *cumulativa*.

A *relação jurídica* entre *sujeito* e objeto, que se supõe existir, segundo fundada doutrina, como Ennecerus, von Tuhr, supera-se, dada a inexistência de direito sem sujeito.

Nos direitos reais, o sujeito passivo, individual, está latente[103]. Mas não é o todo, a generalidade das pessoas ou todos os homens, como se sustenta. A exigibilidade supõe a presença de dois sujeitos, e no momento de dar-se a ação jurídica constitui-se a *relação jurídica*[104]. Outra conclusão não poderia extrair-se do magistério de Heinrich Lange, ao firmar que a pretensão (concepção, aqui, de direito material) sempre cabe de pessoa a pessoa.[105]

Daí por que, no campo exclusivamente técnico do direito, recolhemos esse conceito jurídico fundamental.

Não há vida jurídica, ação jurídica, sem o suposto de uma *relação jurídica*[106].

---

103 LARENZ, 1967, p. 211-212; CASTRO Y BRAVO, 1949, p. 557, n. 2 e p. 558, n. 3. Cf., ainda, HOFMANN, 1968, p.13.

104 "Nas relações jurídicas não se dá substituição de termos sem que seja outra a *relação*" (PONTES DE MIRANDA. 1954-1969, v. I, p. 125, n. 2. Para *termo*, vide p. 126 *et seq.*

105 "*Der Anspruch geht stets von Person zu Person*" (LANGE, 1968, p. 91). Cf., ainda, PEREIRA, 1966, p. 35 a 38; ASCENÇÃO, 1962, p. 42 *et seq.*; LEHMANN, HÜBNER. 1966, p. 80, n. 1 e 85, n. IV; MONTEIRO, 1970, p. 14 e, especialmente, p. 15. Cf., ainda, o § 903 do BGB, que dá sentido ao "sujeito latente", afirmado por *Larenz.*

106 Expõe-no *Jellinek*, com muita clareza: "Alles Recht ist Beziehung von Rechtssubjekten. Ein isoliert gedachter Rechtsträger ist eine unvollziehbare Vorstellung". "Todo o direito é relação entre sujeitos de direito. Um supostamente isolado titular jurídico é uma ideia inexequível" (1964, p. 10). E, mais adiante: "Das Recht regelt Beziehungen der Menschen untereinander, kümmert' sich daher nicht im Handlungen, soweit sie nach seinem Ermessen eine derartige Beziehung nicht besitzen". "O direito regula relações dos homens, entre si; não se ocupa, por isso, com as ações que, enquanto ações, de acordo com a sua consideração, não importem em semelhante relação" (*idem, ibidem*). Confirma-o *Carnelutti*: "[...] *el derecho sólo rige las relaciones de los hombres entre sí, directas o indirectas*" (CARNELUTTI, 1955, p. 226, n. 74). A explicação adversa adotada por *Bevilacqua*, com antecedentes em *Köhler, Dernburg, Roth, Teixeira de Freitas* e *Chironi*, traz uma

E somente uma *relação jurídica*, como unidade conceitual simples, não pode ser diversa de si mesma, não pode conter duas faces contraditórias em sua função de asseguramento de um interesse de vida[107].

A *relação jurídica*, integrada de seus elementos constitutivos (*os sujeitos, o objeto e o vínculo*), é simples e indesdobrável na hipótese assecuratória do interesse a que visa tutelar e na eficácia que garante[108].

8 A NORMA JURÍDICA

A imediata consequência da delimitação conceitual do Estado, como portador do *ordenamento jurídico* e como *sujeito de direito*, reside em que a *norma jurídica estatal*, a *lei*, por sua natureza e fins, não serve de suporte, sobre o qual se deva estear um critério autorizado donde se extraiam as bases da dicotomia.

Tutelam, igualmente, as leis, o interesse que denominamos *público* e o interesse que denominamos *privado*[109].

---

elucidação oblíqua para o problema, pois a perspectiva de um poder jurídico, direto, sobre as coisas ("direitos de dominação") não exclui a formação da *relação jurídica*, quando se trata do resguardo daquela coisa, como um bem jurídico (cf. BEVILACQUA, 1949, p. 66, nota 105).

107 Essa é a sua função ("*la persona, di cui si'vuol tutelare l'interesse*"), como se vê em Barassi (1955, p. 80).

108 A vinculação decorre do seu elemento formal e essencial, que é a norma jurídica. Exatamente em razão disso é que se pode afirmar inexistir relação jurídica na obrigação natural (cf. GOMES, *Op. cit.*, p. 103).

109 "[...] el Estado es una realidad a que van dar todos los indivíduos, cuyos intereses particulares son los intereses de todos, y a la que están ligados la vida y el destino de cada uno" (FRANCISCI, 1954, p. 123). Por iguais razões, adianta, conciso, *Herichel*: "Die meisten öffentlich-rechtlichen Bestimmungen haben auch privatrechtliche Bedeutung" (A maioria das determinações jurídico-públicas tem também significação jurídico-privada" - HERICHEL, 1964, p. 5). Cf., ainda, Caio Mário da Silva Pereira (1966, p. 31), no que diz respeito à projeção da norma jurídica sobre os interesses individuais.

Ao apreender os interesses, ao juridicizá-los, a norma não tem por fim, em sua funcionalidade, acantoná-los em áreas contrapostas ou em camadas que se superponham. Distribui-os e os distribui como técnica de escoamento e de intercomunicação em sua diversidade natural[110].

A disposição das esferas jurídicas que, centrífuga ou centripetamente pontuam os sujeitos de direito, é fixada indistintamente pela lei.

Tratá-las, pois, a doutrina jurídica, em planos compartimentados, como se a isso se destinasse a lei, significa, com obstar-lhes o tráfico, quebrar a estrutura normativa do Estado, como se se pudesse concebê-la composta de unidades ordenadoras autônomas e estanques[111].

---

[110] Em obra clássica, antecipa August Thon: "Es ist nicht möglich. die Interessen des Gemeinwesens und der Einzeln in solcher Weise einander gegenüber zu stellen" (Não é possível de tal maneira colocar os interesses da coletividade e o dos indivíduos uns defronte aos outros - THON, 1964, p. 110). Bastante elucidativa é a passagem de Pillet, transcrita por Burdeau: "[...] leur but qu'un législateur se propose en édictant une loi est invariablement le bien public: ce n'est, en effet, qu'en vie du bien de tous que l' autorité peut ainsi limiter de sa propre iniciative la liberté des particuliers" (BURDEAU, 1946, v. 1, p. 130, nota 3).

[111] O pensamento do texto inspirou-se, certamente, em uma das mais penetrantes passagens de *Nawiasky*, que se manifesta: "Cuando se da el caso de que en una misma comunidad jurídica rigen concurrentemente el Derecho legislado y el consuetudinario [...] no es posible que la razón de su respectiva vigencia esté en dos autoridades diferentes, puesto que si así fuese no pertenecerían a un sistema de Derecho, a un Ordenamiento jurídico, sino que ambos han de estar enraizados en una misma autoridad, que sólo puede ser el fundamento del Estado" (NAWIASKY, 1962, p. 94, n. 4). Daqui parte Levi Sandri, quando assevera que a unidade de uma disciplina jurídica não advém "*non solo e non tanto dall' identica natura formale delle norme*" (SANDRI, 1959, p. 46). Quanto à unidade substancial do Direito, a despeito da diversidade de sistemas de canalização de suas regras, que não autorizam o princípio da contradição ou da exclusão, vide Carlos Campos (1932, p. 109).

Em reverência à precisão conceitual, verifica-se que há impropriedade em dizer-se "norma jurídica de direito público" ou "norma jurídica de direito privado".

As normas jurídicas de origem estatal - conformadas na lei - partem todas elas de uma única fonte, que é o Estado, como *ordenamento jurídico.*

Parece um truísmo dizê-lo, mas a tônica se impõe, ainda que se resvale pelos descaminhos do pleonasmo, tal a necessidade de se implantarem com correção os conceitos jurídicos.

Não será, pois, demasiado repetir, com Amílcar de Castro, que toda regra jurídica é *oficial* (*regra jurídica*, aqui, como lei)[112].

Se se diversificam, quanto à sua natureza, dado o grau de apreensão de conteúdos de vontade e de substituição de vontade[113], mais ou menos impositivamente, ainda assim aqui não se localiza o nódulo desencadeador de situações jurídicas caracteristicamente segregadas ou para as faixas do *direito público* ou para as do *direito privado*.

---

112 "[...] se no regime de justiça pública em que vivemos, as normas jurídicas, todas, inclusive as de *direito privado*, invariavelmente, têm origem *pública*, é sem qualquer alcance a afirmativa de que há disposições a passar do campo do *direito privado* para a esfera do *direito público*" (CASTRO, 1965, p. 180 e 181; cf., ainda, CASTRO, 1968, v. I, p. 89 e 90). No mesmo sentido, Duguit: '*la règle de droit qui s'impose aux gouvernants esl la même que celle qui s'impose aux gouvernés*" (1923-A, p. 42). Cf., ainda, no mesmo sentido, ROUBIER, 1963, p. 79; MATTA MACHADO, s./d., p. 121-122; LEGAZ-LACAMBRA, 1953, p. 346 *et seq.*, especialmente p. 347; THON. 1964, p. 108-110. Interessante é observar que o fenômeno não passou despercebido só a juristas, como se vê em *Spranger*: "*Todo derecho positivo, sea imperativo o permisivo es obligatorio, dentro de la esfera de su validez para todos los miembros de la comunidad jurídica*" (SPRANGER, 1954, p. 185, 5º - grifo do autor).

113 Gass, *na esteira de* Kaufmann, *admite esse fenômeno de transposição de* vontade, *no plano da norma, de que deriva o preceito jurídico:* "die Norm stellt er *(*Kaufmann*)* einem Sollsatz gleich, welcher die Kundgabe eines Willens enthält und daher ein Imperativsatz, ist" *(*GASS, 1960, *p. 70). Cf. NAWIASKY,* 1962, *p. 34, n. 3.*

O aparelhamento da coercibilidade permanece no Estado e se preenche com suas normas jurídicas, sejam as imperativas, sejam as dispositivas[114].

Não se deve perder de vista que tanto umas quanto outras podem reger relações entre os indivíduos entre si, como relações entre estes e o Estado.

O mesmo fundamento, que lhes confere dispositividade, injeta-lhes imperatividade[115].

Se assimilarmos todas as regras imperativas a *direito público*, esvaziaremos o *direito privado* em quase todas as suas áreas de ação jurídica. Não escapou *a Dabin* modelar axioma, nesse sentido[116].

Assim se dá no Direito do Trabalho, no Direito de Família[117], nas relações de inquilinato, títulos de crédito, sociedades anônimas, Direito da Eletricidade e da Energia[118].

Se afirmarmos que a natureza da lei não traz em si o germe identificador de uma ou de outra área da clássica divisão do Direito, não significa isto não se encontre na lei a raiz de sua explicação.

Quer-se com isto significar que somente naquelas relações jurídicas diretamente previstas e disciplinadas pela lei – como específica fonte de direito – é que se irá encontrar o elemento básico,

---

[114] NAWIASKY, 1962, *p. 34, n. 3. O conceito de direito que Nawiasky proporciona fá-lo perfeitamente compreensível ao que acima sustentamos:* "Unter Recht kann man verstehen das von einer räumlich und zeitlich abgegrenzten sozialen Gemeinschaft getragene und inhaltlich bestimmte System von Vorschriften für äussere Verhalten der Gemeinschafts glieder, deren Nichtbefolgung Vollstreckungszwang oder Strafe entgegenwirkt" (NAWIASKY, 1952-1958, v. *3, p. 1).*

[115] Desde logo, cf. CASTRO Y BRAVO,*1949, p.* 85.

[116] Cf. DABIN, 1955, p. 132.

[117] Igualmente, CASTRO, 1967, p. 57 e nota 1.

[118] ÁLVARES, 1978, p. 1.

do qual se deverá partir para a formação conceitual do *direito público* e do *direito privado*,

Jamais se suporá a dicotomia naquelas relações oriundas do livre comércio jurídico entre os indivíduos, não constituídas, mas tão-somente reconhecidas pela lei. Isto é, relações decorrentes, de fontes extra estatais de direito, aquelas que a sociologia jurídica chama regras jurídicas sociais puras.

Com inegável propriedade, tem-se afirmado que não existe relação jurídica de *direito público* se, em um dos seus polos, não comparece o Estado, como *sujeito de direito* (por *jus imperii*, diz-se)[119].

O mesmo se dirá quando a fonte normativa for diversa da estatal (costume, convenção coletiva etc.). Somente a lei, como fonte, autoriza o desmembramento relacional, em que se funda a *summa divisio*.

Cumpre distinguir, portanto, no plano da lei, duas espécies de normas, que não se confundem e que contêm objetos diferentes[120].

As normas *primárias* ou *materiais* – que juridicizam bens da vida ou juridicamente os constituem – seguem-se as *secundárias* ou *sancionadoras*, que se dirigem aos órgãos da tutela jurídica, para o fim de assegurar a eficácia do direito previsto nas primeiras[121].

---

[119] "Rapporti pubblici' sono quelli regolati dal diritto pubblico, il che esige evidentemente che almeno una delle parti del rapporto sia soggetto di diritto pubblico" *(MORTATI, 1969, p. 42).*

[120] Cf. DUGUIT. *1923-A*, p. 97 *et seq.*

[121] Cf. toda a explanação de *Nawiasky (1962*, p. 148 *et seq.). Duguit* divide-as em regras jurídicas *normativas* e *construtivas* ou *técnicas*. Estas últimas regulam o procedimento jurídico – *la voie de droit* (*DUGUIT, 1923-A*, v. 1, p. 36 *et seq.*, e 134 *et seq.).*

A *imperatividade* ou a *dispositividade* dizem respeito à coloração, mais ou menos impositiva, da vontade estatal, quando da formação das relações jurídicas[122].

O processo criativo do direito esgota-se em constituir, permissiva ou imperativamente, relações jurídicas, ou vedar que se constituam[123].

Dentro do fenômeno geral da *juridicidade*, importa-nos investigar até que ponto o indivíduo está sujeito à compulsão da norma, como força estatal dirigida a assegurar determinado ato ou efeito jurídico.

---

[122] Cf. MACHADO NETO, 1969, p. 191, "g". Das mais agudas e interessantes é a distinção que se fazia, ao tempo do desgarramento do mandado de segurança e do *habeas corpus*, quando já não se podia basear na natureza da relação jurídica (se pública ou privada) para autorizar-se o *habeas corpus*, na passagem inexcedível de *Pedro Lessa* (cf. NUNES, 1967, p. 67/8).

[123] Na relação jurídica *(juristische relation*, como a denomina *Gass*, a norma contém elementos *"die eine Befehl des* Müssens, Sollens, Nichtsollens *oder* Nichtdürfens *aussprechen*" (GASS, 1960, p. 70). Cf., também, *Nawiasky (1962, p. 160), em que se acrescenta Können, como um poder jurídico, consistente na faculdade de dar vida a um dever ou a uma necessidade jurídica. Jâ se colhe a intensidade do comando da norma desde o preceito das leis constitucionais programáticas, como se vê da nítida explicação de Raul Machado Horta* (Relatório da comissão especial, *In: Estudos sobre a ordem econômica e social.* Belo Horizonte, 1960, p. 15). *Jellinek* distribui as situações formais em que se movem os indivíduos debaixo da ordem jurídica, e que são: *Gebieten* (mandar, ordenar), *Verbieten* (vedar, proibir), *Erlauben* (permitir), *Gewähren* (garantir – aqui, contraditado por *Nawiasky (1962*, p. 34), *Versagen* (negar, vedar) e *Entziehen* (privar, retirar). À exaustividade da classificação segue *Jellinek* o critério, como se fora consequente, para estabelecer a divisão do direito em *público* e *privado*: *"[...] Erlauben und Dürfen sich unmitelbar beziehen auf Verhältnisse des einen zum andern, Gewähren und Können unmittelbar auf Verhältnisse zwischen einem rechtsschöpfen den Ganzen und den ihm Eingegliederten, also in ester Linie zwischen Staat und Individuum. Gedurft wird dem Nebengeordneten, gekonnt dem Staat gegenüber" (op. cit.*, p. 45 e 49, respectivamente). Contudo, o tratadista chama a atenção para a *relação jurídica*, como o dado fundamental, em que se haverá de encontrar o critério decisivo para a distribuição das situações jurídicas de um ou de outro ramo do Direito; cf., também, WEBER, 1964, p. 532 *et seq.*; e MACHADO NETO, 1969, p. 182 *et seq.* e 191. Em seus supostos fundamentais e filosóficos, vide a obra BERLET, 1968).

Não se trata do número de relações do Estado, como órgão, com os indivíduos. Há um *plus* e esse *plus* reside na moculação de vontade estatal na opção individual, que deve dar-se em certo sentido, sob pena de sanção, isto é, de desencadeamento de outra ou outras sanções, que se seguirão ao alto não-cumprido ou omitido.

A *imperatividade* das normas *primárias* abre uma perspectiva de sanção mais vigorosa, sanção essa que se efetivará através das normas secundárias ou instrumentais: as chamadas normas processuais.

Evidentemente, se se entrelaçam regras de organização e regras de conduta (*Verfassungsrecht und Verhaltungsrecht*, na classificação de W. Burchardt), o fato de se procurar retesar sua estrutura e garantir sua dinâmica através de preceitos rígidos, que nomeamos imperativos e estritos, traz mais viva impressão de *direito público.*

A modulação das formas de conduta captadas pela norma, para a formação de relações jurídicas de diversas espécies quanto à finalidade que persegue a ordem jurídica, injetada nos sujeitos, mas ideal e formalmente extraídas do próprio *iter* vital, essa modulação, em escala e gama riquíssimas, explica o emprego do sistema de noções jurídicas para transitar-se do *público* para o *privado* ou sucessiva ou cumulativamente em suas posições.

Essa impressão, porém, aparentemente aberta pela espécie das normas em causa, não decorre senão da específica natureza das *relações jurídicas*, que se constituem para o asseguramento da eficácia visada em cada uma delas[124].

---

[124] *"En autre, on ne voit pas quelle est la place des règles ordonnant de se conformer à un acte juridique de* droit public *ou de* droit: privé" (DU PASQUIER, 1948, p. 96, Vide, também, p, 105, n. 130 e 265. Classifica *Korkounov* (1930, p. 207-208) as *leis de organização* como *leges imperfectae.* Cf., também, MACHADO NETO, *1969*, p. 188 a 190, e CARNELUTTI, 1955, *Op. cit.*, p. 193. Cf., ainda, NAWIASKY, *1952-1958*, v. 1, p. 83 *et seq.*

As normas jurídicas estatais, como vimos antes, partem todas elas da mesma fonte, obviamente, que é o Estado. Em terminologia jurídica clássica, trata-se de *fonte pública*, o Estado, e que lhe entretece a rede ordenadora totalizante.

Tecnicamente, todavia, ou são imperativas ou são dispositivas.

A incidência de umas ou outras é que vai servir de vínculo a uma *relação jurídica* e definir-lhe a natureza jurídica[125].

Essa relação jurídica, como a situamos e, em suas linhas básicas, a examinamos, é que contém os supostos mais apreensíveis para visualizarmos a distinção de campos no direito, o que defluirá da posição e do grau de asseguramento de eficácia, que o Estado pretendeu preservar, nela comparecendo ou dela participando, como *sujeito de direito.*

Nefasta, porém, será a confusão entre natureza ou espécie de *norma jurídica* e natureza ou espécie de *relação jurídica*, bem que, via de regra, as relações jurídicas de *direito privado* se constituem por leis *supletivas*, e as relações jurídicas de *direito público*, por *leis imperativas*[126].

9 A SANÇÃO

As normas jurídicas, constituindo e ordenando juridicamente parcelas da realidade, como que se apropriando delas, trazem na disposição de sua técnica elaborada conteúdos formais dessa realidade - pela *hipótese* - cuja força de asseguramento de eficácia reside em sua disposição sancionadora. Os nexos entre as normas se justapõem ou se sobrepõem.

---

[125] Cf. PONTES DE MIRANDA, *1954-1969*, v. I, p. 3 *et seq.*

[126] No correto plano em que se deva pesquisar a bipartição tradicional, *Amílcar de Castro*, em antecipação das mais percucientes, adianta: "os qualificativos *público e privado* não são atributos de regras juridicamente diferentes, mas de juridicidade igual, apenas referentes a relações interpessoais diversas" (*1968*, v. I, p. 91). Veja-se ÁLVARES, 1978, p. 26-27.

Como proficuamente se ensina, e já vem do Império na lição de Braz Florentino, transposto por Menelick de *Carvalho Neto*[127], a palavra *sanção* denota dois sentidos inequívocos: ou exprime a penalidade anexa à transgressão dos preceitos do legislador ou, particularmente nos governos constitucionais, a aprovação dada pelo Chefe do Estado nos projetos de lei discutidos e votados pelas Câmaras.

Desde o Direito Romano distingue-se a *sanctio ad promulgativo*, entendida esta como a lei aprovada tal como foi proposta, sem mais emenda, enquanto a primeira, tida como a terceira e última parte da lei publicada, abrigando sempre o mesmo sentido, foi objeto de dissertações entre os romanistas quanto a ter sido ela parte incindível ou parte destacável da lei, um que se condensam e se recolhem as consequências que a sua infração ou o seu descumprimento produziam. Prevaleceu o entendimento segundo o qual sanções como tais não podiam encontrar-se fora da *rogatio*, impossível de separarem-se materialmente, já que nas proposições dos magistrados se achavam compreendidas as sanções ou medidas a adotar em caso de transgressão[128]. Fruto de uma conceituação sedimentada (com o que se autorizam os autores de glossários jurídicos) é a definição de *Plácido e Silva*, para quem a *sanção*, em seu segundo aspecto, significa o meio coercitivo disposto pela própria lei, para que se imponha o seu mando, ou a sua ordenança[129].

A bipartição constitutiva e conceitual teve expressão original em Duguit, que distinguia entre as regras jurídicas as *normativas* e as *construtivas* ou *técnicas*, designando as primeiras mais

---

127 CARVALHO NETO, 1992, p. 23-24.

128 Cf. ARANGIO-RUIZ, 1943, p. 114-115; cf. a exposição distintiva e deduzida de *Luigi Ferri*, quanto à indissolubilidade formal entre o preceito hipotético da norma e sua disposição sancionadora, assim como a existência de negócio jurídico privado provido de sanção própria (*FERRI*, 1969, p. 39-40).

129 Cf. o seu sempre recomendado SILVA, 1963, v. 4, p. 1.403.

que uma regra propriamente dita, mas um princípio diretor, que as segundas vêm imediatamente organizar por procedimentos diversos, que o notável constitucionalista denomina – porém, de modo ao mesmo tempo estreito e vago – *sanções* ou *vias de direito*[130].

Os dois sentidos e as duas funções da sanção encontram-se em um ponto comum, que é a *efetividade jurídica*, seja sob o ângulo da consumação da positividade (a aprovação da *rogatio*), seja sob o ângulo da garantia de desempenho do sistema normativo. Em razão disso, torna-se inaceitável a acepção restrita e parcial que dá à sanção Dias Marques, que só a aponta como tal nos meios repressivos de tutela jurídica. Nela não se enquadram os meios preventivos, como quando o Direito não proíbe diretamente uma conduta, mas apenas o faz indiretamente, através da atribuição de consequências desfavoráveis, em que não há sanções. E vai além o tratadista português, estendendo esta mesma formulação a duas outras figuras que lhes andam a par, mas que com elas não se confundem. Referimo-nos à inobservância dos ônus e às consequentes sanções. É que, não se traduzindo o ônus em uma adscrição absoluta ao ato previsto, tampouco às consequências jurídicas do seu não-preenchimento (a que igualmente se dá o nome de sanção) se pode atribuir natureza igual à das sanções inerentes à ilicitude. São coisas bem diversas – arremata o autor – a sanção da violação das normas pelos autores dos atos ilícitos e as sanções resultantes da inobservância dos ônus[131]. Não se pode negar que se influencia Dias Marques de resquícios da posição de Kelsen, como apreensão e exploração parcial do conceito[132].

---

[130] Cf. DABIN, 1955, p. 94-95. Veja, nesta mesma obra e desde logo, à p. 96, as regras de direito civil e as de direito penal – *direito público e direito privado* e o princípio da intensidade da sanção.

[131] MARQUES, 1970, p. 114.

[132] *Cf. KELSEN.* 1983-B, *p. 114 e et seq.*

Inexiste situação jurídica desprovida de sanção, seja a direta seja a indireta. Admiti-lo será convir que se criou uma norma ineficaz ou desprovida de qualquer efeito, favorável ou desfavorável ao polo subjetivo nela titularizado. Du Pasquier chama-lhe a individuação da *coerção*[133]. A espécie dessa consequência, se umbilicalmente desdobrada na própria norma, se destacada, se correspondente a uma perda ou a uma pena, se direta, se indireta, é irrelevante para a conceituação e a presença da sanção. Nos casos de ônus - que Dias Marques conota no processo e não como *modus*, elemento acidental do negócio jurídico[134]. No processo, se a parte não se desincumbe de um ônus imposto como condição de viabilidade e eficácia do ato principal praticado (pagamento de custas ou depósito, para fins de recurso, etc.), automaticamente sofre ela a respectiva sanção que consiste em não se conhecer aquele ato principal como se não tivesse sido realizado. Por outro lado, as regras que criam agravamentos tributários cujo consumo se pretende apenas restringir, se aparentemente não contêm ônus ou força sancionadora em relação aos consumidores, a quem se dirigem *indiretamente*, em realidade direta ou imediatamente elas se dirigem às autoridades ou aos órgãos públicos, encarregados de sua vigilância ou observância, sujeitos a penas caso se omitam[135].

O caráter da sanção é a *especificidade*, como o *resultado jurídico*, através do qual se assegurará determinada eficácia ao preceito contido na regra de direito (as represálias internacionais e a legítima defesa são meios indiretos, previstos pelo Direito, que

---

133 KELSEN, *op. cit.*, p. 112, n. 135.

134 Cf. TRABUCCHI, 1962, p. 172-173 e especialmente 181-182.

135 *Korkounov*, já em seu tempo, alicerçado nos princípios que regiam o Direito Romano (e lembra a classificação das leis em *lex imperfecta, lex perfecta* e *lex plus quam perfecta*, segundo estar mais ou menos provida ou desprovida de sanção a norma jurídica) afirmava, categoricamente, que as normas jurídicas sem coerção (*contrainte*) serão letra morta e "os meios de coerção são as sanções" *(1930,* p. 204).

claramente induzem sanção, advertindo-se que se está em nível intra-estatal[136].

Para que se tenha um preciso e completo domínio a força vinculante de ordenamento jurídico em seus desdobramentos - que não prescinde, de uma maneira ou de outra, da sanção –, é indispensável se tenha sempre em mente que o ordenamento jurídico compõe-se de normas *primárias* e de normas *secundárias*, pelas quais são distribuídos os direitos, os deveres, os efeitos e as garantias, diretas ou indiretas, de efeitos e a titularidade de exercício, assim como os seus destinatários imediatos ou mediatos, o indivíduo e/ou os órgãos do Estado.[137]

Em seu capítulo sobre as categorias dos destinatários da regra de direito. Rigaux afirma com toda a pertinência que o poder de usar a coerção (*la contrainte*) é confiado a pessoas que também devem estar conformes ao direito e conclui: os agentes de coerção são eles mesmos destinatários das regras de direito e constituem uma categoria distinta destes últimos.[138]

Em passagem significativa, que torna superada uma visão lincar e unívoca das normas jurídicas, pode ser ainda colhida de Korkounov, ao entendimento de que a consequência geral da violação de uma norma jurídica qualquer é o nascimento de uma nova norma feita para regular os interesses postos em presença de um ato imediato de violação[139]. As sanções, que regulam efeitos em normas que regulam interesses, formam-se de relações oriundas de normas *secundárias*, e que, se se acautelam aqueles interesses violados, cuja defesa dependa da vontade dos indivíduos, amontoam-se no direito privado.

---

[136] Cf., em equívoco, DU PASQUIER, 1948, p. 115, n. 140.

[137] Cf., à exaustão, GAVAZZI, 1967, p. 44 *et seq.* e 67 *et seq.*; NAWIASKY, 1962, p. 148 *et seq.*

[138] RIGAUX, 1974, p. 31.

[139] "les intérêts mis en presence à la suite de la violation du droit" (KORKOUNOV, 1930, p. 104).

Em realidade, como veremos, no agrupamento e na sucessão interligada de relações jurídicas, uma como que antepara a outra e no processo dinâmico de seu exercitar dá-se sempre o chamamento automático de outra e ulterior relação jurídica, que acaba por socorrer a anterior ou vir em socorro desta, que ou foi quebrada ou rompida ou posta à margem por quem devia satisfazer o interesse (o bem jurídico) nela contido e tutelado. A função das relações jurídicas reparadoras ou tuteladoras é sempre a de acionar supostos sancionadores, já na esfera do chamado direito público, como repara bem Rigaux quando organifica esta construção formal; a segunda observação concerne ao caráter hierárquico desse poder (atrás do qual se dissimula a pessoa do agente público). A relação *vertical* pela qual se exprime a autoridade a que estão submetidos os simples cidadãos se logra através do corpo dos agentes do poder: estes são subordinados uns aos outros, o que permite à autoridade superior controlar o exercício do poder por aquele que lhe é subordinado. Volta-se a encontrar a distinção entre duas categorias de destinatários da mesma regra de direito, como logo acima vimos[140]. Cabe um reparo na formulação de Rigaux, pois à autoridade não se permite apenas o controle da atividade dos que lhe estão subordinados, *impõe-se* este controle, como um poder-dever.

A sanção é, portanto, um resultado jurídico prático, que se tem em vista e que atua como eio de assegurar a efetividade da ordem jurídica. Através da sanção garante-se a eficácia jurídica ao inserirem-se as normas jurídicas no mundo interativo da realidade.

Pela sanção, que se conhece desde quando se conhece a norma jurídica, procura-se prevenir e manter o fluxo do tráfego social, em nível de regularidade. Tem ela uma função psicológica preventiva e isto porque nela se vislumbra sempre um resultado

---

[140] Cf. NAWIASKY, 1962, p. 32.

necessário. Sob a versão psicológica, a sanção transmite sempre uma constante sensação de ameaça.

Pode-se conceituar a sanção como a individualização da *coerção*, *coerção* que é o componente definidor da regra de direito[141].

Seu decisivo caráter é a *especificidade*, como *resultado jurídico*, através do qual se assegurará determinada eficácia. Há de estar contida na regra jurídica, em seu juízo hipotético, para o casdo de inobservância ou violação.

O mesmo Korkounov - que, a seu tempo já revela extraordinária antecipação científica na compreensão da dinâmica jurídica situa o *punctum pluriens* da questão no plano formal da norma jurídica (que é como vimos, segundo Nawiasky, a relação jurídica considerada sob o ponto de vista do ordenamento jurídico), quando se dá um rompimento no processo iterativo das relações jurídicas integradas de seus elementos constitutivos que se interimiscuem e se sucedem.

Sob um plano geral de observação, e externamente considerada, a construção normativo-jurídica do Estado obedece a um princípio de maior retesamento na elaboração e na eficácia das regras jurídicas, que formam uma rede, cujas malhas se dispõem não apenas mais espessamente, como expressa Nawiasky (*engmasshige Netz von Regeln*)[142], mas cumuladas por específicos conteúdos de sanção jurídica necessária (*Zwangssanktion*).

Assenta-se e se revela o retesamento da normatividade jurídica como um suposto para a *sanção obrigatória*, que é o meio de maior intensidade, pelo qual a ordem jurídica assegura a

---

[141] Cf. DU PASQUIER, 1948, p. 112, n. 135.

[142] Cf. NAWIASKY, 1934, p. 36. A visibilidade do fenômeno torna-se facilmente apreensível, quando se examina, por exemplo, a distribuição das esferas de ação jurídica do Estado no plano de sua estrutura pessoalizada. Vide, a respeito, HORTA, 1964, p. 49 *et seq.* e especialmente p. 63 *et seq.*

efetividade dos preceitos materiais tidos por indispensáveis à sua preservação e ao seu funcionamento.

Portanto, não podemos pensar em *direito público* senão naquelas áreas normativas em que a efetividade jurídica se representa por *relações jurídicas* de que participa o Estado, como *sujeito de direito*. O desencadeamento da sanção prevista na relação jurídica dar-se-á, inevitavelmente, sob pena de ocorrer *outra sanção*, aberta em *outra relação jurídica*, que tem na inobservância do preceito resguardado na primeira o suporte, o ponto de ignição de seu acionamento[143]. São os casos de omissão, inobservância ou de resistência, em que incorre o sujeito destinatário da norma.

Não seria imoderado firmar, desde logo, um postulado: a *relação jurídica* que, regulando a ação do Estado em seu tráfico com os indivíduos, se ache para o caso de inobservância, vinculada como antecedente a outra, de sanção *necessária*, mostra-.se uma *relação jurídica de direito público*.

Observamos e insistimos em que o ponto de diferenciação, a que chamamos *publicização* da *relação jurídica*, não se encontra na hipótese - no campo hipotético da norma primária, a adotarmos a conceituação de Kelsen –, mas em sua segunda parte, que diríamos parte final, ou seja, a sanção ou na cominação, que se deve efetivar, sob pena de provocar-se o chamamento de outra *relação jurídica*, outra norma, via de regra, *penal* (*lato sensu*) ou *administrativa*.

O mecanismo da automaticidade reside no imediato desencadeamento de *outra relação jurídica*, de natureza punitiva, à inobservância do preceito estabelecido em *relação jurídica* anterior.

---

[143] *Cf., ainda, NAWIASKY, 1952-1958, v. 3, p. 39.* Carnelutti *mantém-se no plano da sanção, sem aludir à cumulação de relações jurídicas, mas de sanções, como sanções múltiplas ou concurso de sanções, de que está provido um preceito. E, muito proximamente, alude a* "las *relaciones* resultantes de un precepto con sanción múltiple aparecen, en efecto *reforzadas* en comparación con las demás" *(1955, p. 78 et seq.).*

Ocorre, apenas, dentro da mesma *situação jurídica* (desenvolvê-la-emos adiante e o tanto quanto possível em sua correta acepção) a *descarga* de uma *relação jurídica incondicionada*, que funciona como um dispositivo sancionador obrigatoriamente consequente.

A nova e segunda *relação jurídica* tem a virtualidade de fugir completamente dos domínios da vontade (do arbítrio) do sujeito, a que se passa a obrigar. De titular de um *poder-dever*, na primeira *relação jurídica*, passa a *obrigado*, a destinatário da norma, na segunda, invertendo-se assim a posição de titularidade. Será, então, sancionado, por não haver exercitado seu *poder-dever* na relação anterior[144].

O fenômeno da conversão, ou do desencadeamento, só se dá na esfera do chamado *direito público* e incondicionalmente.

Aqui, o Estado, por seus órgãos, seus agentes executivos (*vollziehende Behörden*), sanciona, necessariamente, a omissão, a transgressão ou a resistência, de quem quer que seja, inclusive de seus próprios agentes[145].

Se as normas estatais, quanto à sua natureza e fins, não se prestam à diversificação nas situações, o mesmo não se dá com a *vinculação jurídica*, que se explica pela posição encadeada das *relações jurídicas* entre si.

Na relação jurídica *sancionadora*, se necessária ou não, se dependente ou não, seu acionamento do arbítrio do titular do bem jurídico lesado ou do preceito violado (considerando-se, aqui, o Estado em sua titularidade geral, como *allgemeiner lnhaber*) é que se irá localizar o momento divisório de situações jurídicas que temos ou por *direito público* ou por *direito privado*.

---

[144] *Cf. a ideia explicativa, no plano do direito subjetivo e no plano do direito objetivo, em* Caio Mário da Silva Pereira (1966, *p. 32-33).*

[145] Cf. DU PASQUIER,1948, p. 105, n. 130, p. 112-115.

Mortara viu próximo o fundo do problema, mas extraiu apenas consequências especiais para uma conceituação da natureza do processo civil e da função jurisdicional[146].

Pode-se avançar à ilação contrária: as *modificações consensuais* sobre *relações jurídicas*, de que não decorra sanção necessária ou de cuja sanção se possa abdicar, importam na fixação da chamada ordem *privada*.

Quando sustentamos, porém, que não se encontra na natureza da lei (como norma) a raiz da divisão, queremos significar que ocorrem regulações de situações jurídicas por normas *sancionadoras*, tanto com *sanções necessárias* (incondicionadas) como com *sanções não-necessárias* (condicionadas): as leis *imperativas*.

Poderemos antecipar que uma diversidade de comportamento só formará conteúdo e será objeto de *relações jurídicas* específicas através da imposição *necessária*, de atuação sobre atuação, de atuação sobre omissão[147].

Aproximar-nos-íamos da realidade desfechadora do processo dicotômico se adiantássemos, ainda que somente a natureza da *vinculação* do indivíduo em face da norma e que ensejará a sintonização de uma *relação jurídica* de *direito público* ou de *direito privado*.

Um dos sujeitos, pelo menos, dessa relação (vimo-lo) deverá ser o Estado, por um de seus órgãos. Conquanto conotado ao ordenamento jurídico, que é público, Jellinek entrevê com toda a precisão o fator determinante da relação jurídica de *direito público*, ao dizer que portador do direito público só pode ser o Estado[148]. Mais precisa e axiomaticamente falando, não se pode dizer que não se trata de uma relação jurídica de *direito público* senão quando o Estado nela comparece como um de seus polos e,

---

146 Cf. BONUMA, 1946, v. I, p. 374 e 375.

147 Cf. NAWIASKY, 1962, p. 37 e 38, 162, *in fine*, 167, 216, n. 4 e 219.

148 "*Träger des öffentlichen Rechtes nur der Staat sein kann.*" Jellinek, 1964, *p. 10.*

necessariamente, o polo *ativo*, ou seja, aquele que deve *ex officio* fazer desencadear o efeito ou a cominação prevista na norma.

Se voltamos ao plano da organização estatal, encontramo-nos diante do Estado como *ordem jurídica* e, aqui, não será dado situar a questão da divisão do Direito, pois a problemática somente surge e se vitaliza quando da *realização da vontade estatal* – e esta somente se faz possível através do Estado, pelos seus órgãos[149], isto é, do Estado como *sujeito de direito*, porquanto este, como realizador de atos de vontade, é que participa de *relações jurídicas* ou as integra.

A *organização estatal*, em si, sua estrutura normativa, que é plano estático, foge ao campo conflitivo das situações jurídicas, que se digladiam no *público* ou no *privado*.

Denominamo-la *pública* (a essa estrutura) por uma questão de transposição conceitual ou ampliação de um fenômeno que se acumula no campo das *relações jurídicas*.

Por outro lado, o processo das construções abstratas, mentais, autoriza a generalização de fenômeno como um todo, como se a nós nos fosse dado abstrair das partes, das partículas componentes da realidade interativa, que existe no fato elementar sócio jurídico do comportamento dos órgãos estatais em relação aos indivíduos, e destes em relação àqueles.

A acepção *pública* é forma de conduta que se politiza e que, desprendida do tráfico especificamente individual, se juridicizou em planos diversos de equacionamento.

---

[149] Quando se afirma que as *regras de organização* são desprovidas de *sanção (Du Pasquier)*, explica-se que não se destinam, diretamente, à formação de *relações jurídicas*. Sua eficácia, contudo, plenamente se assegura por outras normas, que, fixando a ação do Estado, em *relações jurídicas*, situam-no como *sujeito de direito*, que canalizam a *efetividade do Estado como ordem jurídica*.

A transposição do *interesse* e sua fixação em órgãos que se amplificam - a *polis*, a *civitas*, o *status* (como significação própria e originária de condição do *indivíduo*)[150] -, o especial colorimento dos *fins* que deva alcançar, os *meios* legitimados para lograrem-no, obrigam a uma estrutura jurídica adequada, que lhes imprime uma forma superiormente personificadora de poderes e deveres.

À norma que passa a disciplinar tais situações em específicos planos de organização e funcionamento, titulamo-la, por mera inferência, *pública*, como *pública* a estrutura que disso resultou, e que é o Estado.

Se o pressuposto, vinculante pois, das *relações jurídicas* são as *normas jurídicas*[151], e normas jurídicas edita-as o Estado, sejam as *primárias*, sejam as *sancionadoras*, não será aqui o terreno propício para nele procurarmos uma diferença de *força vinculativa*, já que seu aspecto exterior, como regras formais, não autoriza tal inferência. Impõe-no, todavia, seus aspectos interior e substancial contido na *relação jurídica*, como se verá adiante.

A tutela *instrumental* de um direito reconhecido supõe uma fase na densidade da estrutura da relação jurídica de *direito privado*, que passa a contar com a sanção estatal, em caso de descumprimento ou violação do direito nela previsto.

Em sua evolução, no Direito Romano, pode-se perceber mais claramente essa coloração da relação jurídica e seu desdobramento, o qual, com o evolver dos tempos passou a compor-se e como que a completar-se, sobremodo pela tutela de um *meio instrumental* ou *processual*. Certas profissões (preceptores de estudos liberais, de retórica, de gramática ou os *oratori advocati*) somente

---

150 Cf. CAMPOS, 1932, p. 102-103.

151 Em sentido amplo, define *Nawiasky relação jurídica* a submissão da vontade individual à vontade estatal, vontade esta manifestada na norma *(NAWIASKY, 1962*, p. 215; cf. ainda CAMPOS, 1932, p. 20).

mais tarde é que passaram a ter tutela *processual* para a cobrança de remuneração por serviços prestados - a *extraordinária cognitio* (II século d.C.)[152].

Forçoso é confessar: a princípio, parecia-nos que a contextura da *summa divisio* deveria ser desvendada no *grau de asseguramento da eficácia*, contido na norma jurídica[153]. Esse critério, porém, não lograria firmar-se dentro de uma generalização normativa.

Inevitável seria o risco de quebra do princípio que o viesse a cobrir, desde que se deixasse de considerar o aspecto do *asseguramento da eficácia* em cada *relação jurídica*, hipoteticamente prevista. Ou seja, desde que se abstraísse dos meios de realização da vontade estatal e de sua efetividade na consecução do fim colunado em cada relação integradora do preceito.

---

[152] Cf. PALERMO, 1957, v. 1, p. 23/4, n. 6.

[153] Cf. *Amílcar de Castro (1967),* que fala em grau de coercitividade. No que concerne à *modificação dos direitos, Serpa Lopes* traz elucidações a essas angulações do problema, com muito proveito para seu esclarecimento (Cf. LOPES, 1953, v. I, p. 299, n. 179). "Já os ilícitos de direito privado são menos intensos em sua eficácia que os ilícitos do direito público, especialmcnte penal" (PONTES DE MIRANDA, 1954-1969, v. 1, p. 76, n. 4; **cf.**, ainda, do mesmo autor, *1967,* v. 1, p. 110. A sistematização do pensamento dessa corrente encontra originalidade em *Walter Alvares* como se vê em sua obra *Introdução ao direito da eletricidade* (1969, p. 86-87), e em Direitos Tecnológicos, na *Revista do Instituto de Direito da Eletricidade* (1970, p. 56-59). Cf. os vislumbramentos de *Carnelutti*, com ideias bastante aproximativas da realidade por descobrir no fenômeno dicotômico (*1955,* p. 193-194). Vai ao cerne do problema *Cunha Peixoto,* quando ensina que o delito, por emissão de cheque sem fundo, tem por fim maior segurança na circulabilidade desse meio de pagamento. Aqui, a visibilidade do grau de intensidade de asseguramento de eficácia é patente (cf. PEIXOTO, 1959. v. I, p. 117, n. 113). Referindo-se ao art. 135, do Código Penal. *Walter Álvares* fala em "regra jurídica portadora de intensidade publicística" *(1969,* p. 70, n. 57). A intensificação pode dar-se no próprio domínio do direito privado, como se vê, por exemplo, do art. 448 e 449 do Código Civil de 2002, e o desdobramento e/ou a retenção da intensificação no campo da própria lei, como está no art. 468 da CLT.

A condução da pesquisa por esses rumos redundaria em desfechos demasiado simplistas, porque o terreno do *grau da intensidade da eficácia* aparentemente fértil não contém dados cortantes[154] que, por si, fisionomizem a diversificação caracterizadamente encontrada nos polos extremos do comportamento jurídico, a que se sujeita o Estado, nas suas relações com os indivíduos.

Impressionados, talvez, pela cintilância da matização que um tal veio propicia, estejamos abandonando filões riquíssimos, mas cuja complexidade de elementos componentes pode ocultar o exato e último sentido da realidade jurídica, que habilmente se esconde e que com tamanho denodo se procura desvendar.

Sobretudo difíceis de apreender, as faces com que o Estado, em seu bifrontismo conceitual, atua na vida jurídica podem ser responsabilizadas pela impenetrabilidade do problema, mormente se as não precisa a doutrina jurídica em todas as posições possíveis e que foram uma constelação, diga-se, de aparentes contrastes, mas que, no fundo, se guardam dentro da mais veemente harmonia.

---

[154] Em verdade, entre os romanos, a *dicotomia* não representava *contrastes essenciais,* senão *pontos de vista, posições* – (*iduae sunt positiones*) – escreveu cautelosamente *Ulpiano,* subentendendo-se que o interesse do particular redunda no interesse da comunidade e o desta no daquele (cf. ARIAS RAMOS. s/d, p. 31). Alguns romanistas, entretanto, versam o tema em termos de *oposição* conceitual – *der Gegensatz* zwischen *ius privatum* und *ius publicum* -, como se vê em *Dulckeit e Schwartz (op. cit.,* p. 36). Taxativa também é a oposição em *Seidt: "Privatrecht im Gegensatz zu öffentlichem Recht"* (SEIDL, 1963, p. 2, n. 1). O mais curioso e intrigante é o Direito Inglês, em que ocorrem situações e posições múltiplas, que ou se classificou no direito privado ou no direito público, mas que erigem o sistema em uma doutrina formal que adota a dicotomia. É interessante a passagem. Insiste-se no apanhado de *Boehmer* no que diz respeito ao sustentado contraste entre o *interesse individual* e o *interesse comum,* explicado pela "teoria do interesse", como situado em campo diverso do da *dicotomia* (cf. BOEHMER. *1965,* p. 10, II).

Todas as vezes em que o Estado, como *órgão*, como *sujeito de direito*, participa de uma *relação jurídica* para fazer atuar o Estado, como *ordem jurídica*, fica-nos sugerida uma relação de *direito público*: assim, nas funções de criar, aplicar ou executar o Direito.

Em princípio, afigura-se isto verdadeiro. E por quê?

A função ordenadora da sociedade (Forsthoff) realiza-se através de *normas imperativas* e o Estado, sob elas, comparece como *sujeito de direito*. Aqui, desempenha ele função nuclearmente estruturada no Estado, como *ordem jurídica*.

A esse critério da natureza da ação estatal adiciona-se, como se vê, o da natureza das normas jurídicas, que o revelam mais intensamente em tonicidade impositiva.

Se o indivíduo só se subordina ao Estado como *ordem jurídica* (Kelsen-Nawiasky), conclui-se necessariamente que, se alguma vez se depara uma relação de *subordinação* entre o indivíduo e o Estado, como *sujeito de direito*, esta somente pode explicar-se por um processo de interposição do Estado como *ordem jurídica* no Estado *sujeito de direito*[155], para o exercício de atos de execução das funções estatais compreendidas no primeiro, com fins básicos e ínsitos na sua própria constituição.

---

[155] De ilimitado alcance e aplicável ao plano das relações entre o Estado e o indivíduo, o bem lançado preceito de *Caio Mário da Silva Pereira*: "o sujeito ativo procede *contra* o sujeito passivo, *mas não tem senhoria sobre ele" (1966,* p. 39 – grifos nossos). Cf., do mesmo autor, na mesma obra *(op. cit.*, p. 14) no que concerne à *manus injectio* e ao *nexum*. Por outro lado, da passagem abaixo de *Barassi*, veja-se o risco de uma evolução conceitual, que conduz a posição das pessoas a um impróprio quadro regressivo de sujeição direta: *"Adunque nel senso suindicato dal rapporto giuridico derivano per l'interessato un diritto soggettivo a pretendere all' altro o dagli altri soggetti un determinato contegno a suo riguardo. Il diritto nell'uno (soggetto attivo), il dovere nell'altro (soggetto passivo). Una posizione di vantaggio (di signoria) per il primo, di soggezione per il secondo" (1955,* p. 81). Ao tratar do *vinculum juris*, *Caio Mário da Silva Pereira* exprime-se por uma "sujeição que pode variar largamente entre sujeitos ativo e passivo" *(1964,* v. **II,** p. 27).

Quando se diz que há relação de *direito público*, quando se alude à presença do Estado, na relação, como *potestas*, essa potestade não poderá ser senão suposta no Estado, como *sujeito de direito*, cumprindo fins imediatamente advindos do Estado, como ordem jurídica.

Não vem a ser outra coisa a chamada *capacidade pública* do Estado, a que os tratadistas titulam *jus imperii*[156].

O dizer que, no *direito público*, o Estado age na condição de *potestas*, em seu *jus imperii* (atente-se que ao *império* antepõe-se o *jus*), fez vislumbrar-se algo, mas não se esclareceu, na técnica jurídica, o que existia debaixo do axioma.

Somente o fenômeno da distribuição das *relações jurídicas* é que poderia sintonizar, em cada tipo de ação estatal, o que seria *ato de gestão* (privado, como costuma-se falar) e o que seria *ato de império* (público)[157].

São afirmações genéricas, que incumbe à ciência jurídica reduzir à realidade conceitual que nelas se encontra subjacente e atuante e, tecnicamente, lhes dá conteúdo. E essa realidade não vem a ser senão a espécie de *relação jurídica*, ante o suposto de uma sanção *condicionada* ou de uma sanção *incondicionada*.

E isto porque o Estado, como *ordem jurídica*, é que cria essa relação, regulamenta-a e deixa aos interessados, titulares ou legitimados de direitos ou de poderes jurídicos, maior ou menor liberdade de atuação para movimentar a regra vinculadora.

A *subordinação*, portanto, como se vem sustentando - de *sujeito a sujeito* - não se explica.

---

[156] Cf. na acepção clássica: RUFFIA, 1969, p. 128 a 130. Cf., tipicamente, Constituição Federal, art. 5º, XXIV.

[157] Cf., em atinência ao chamado *direito subjetivo público*, PEREIRA, 1966, v. I, n. 5, p. 35.

O estado-polícia, por exemplo, não existe senão em função da segurança social, que se acha, por sua vez, alicerçada na segurança jurídica, como um dos princípios basilares da organização política da sociedade. Seu exercício configura função imediatamente ligada ao Estado como *ordem jurídica*, que se desenvolve no Estado, como *sujeito de direito*.

Somente o fenômeno da *interpelação alternativa*, que apontamos e desdobramos, é que poderia dar sentido coerente a essas inúmeras situações jurídicas, tão ininteligíveis a um primeiro e ligeiro contato do observador.

Capítulo III

A DINÂMICA JURÍDICA

1 VONTADE ESTATAL E RELAÇÃO PRIVADA

Geralmente, nas relações jurídicas de *direito privado*, o Estado está presente como *ordem jurídica*, inoculando, na vontade dos indivíduos, a vontade da norma, para assegurar determinada eficácia ou cortá-la em inúmeras situações de modo diverso por eles dispostas.

Em outros momentos, utiliza-se dele, Estado, como *sujeito de direito* (*v.g.*, poder de polícia, nos setores administrativos), criando certas *relações jurídicas* (como *Estado-ordem jurídica*), em que ele, Estado, como *sujeito de direito*, age (fiscalização, multas, apreensões, etc.)[158]. Aqui há Estado-*sujeito de direito* como agente do Estado-*ordem jurídica*: realiza seus fins.

Em apreço a isso, determinados autores não deixam de adotar o critério da natureza do processo, para o enquadramento da

---

[158] Em contraposição à competência (capacidade) privada (*privatrechtliche Zuständigkeit*), exterioriza o Estado, aqui, competência (capacidade) pública (*hoheitliche-öffentliche-rechtliche-zuständigkeit*), como ensina Hans I. Wolf em *Verwaltungsrecht* (1967, v. 2, p. 18, n. 4). No plano da competência explica: "Die Zuständigkeit ies (em sentido estrito), insbes, die Ermächtigung zur Abgabe privat-oder verwaltungsrechtliches Willenserklärungen kann im Innenverhältnis gegenüber dem Aussenverhältnis beschränkt sei" (p. 14, n. 2).

categoria do direito, se *público*, se *privado*: o processo administrativo e o processo de jurisdição comum.

Nawiasky alude à conjunção dos aspectos *formal* e *material* e, no que toca ao primeiro, sublinha as espécies de ação: de *ofício* ou *provocada*[159].

Dos mesmos supostos partem Alonso García e Garrido Falla, no instante em que se fundam no critério *institucional* (relações materiais calcadas no princípio da *personalidade* ou no princípio da *comunidade*, tendendo esta à *publicização*) e no critério orgânico, que tem em vista ou a atuação de organismos administrativos ou de tribunais comuns[160].

A esse critério, do qual a doutrina administrativa e trabalhista espanhola perfilha as linhas mestras traçadas por Federico Castro Y Bravo[161], pode-se responder, com Jellinek, que os momentos exteriores das *relações jurídicas* (as sancionadoras, dizemos nós) não bastam à sua conceituação, quando o ponto de partida deve procurar-se em sua natureza[162]. Tampouco da competência dos tribunais administrativos ou dos tribunais comuns, quando há entrecruzamento de competências (até para se julgarem as questões preliminares-suspensivas - *Präjudizialurteils*) ou a competência dos tribunais comuns, para a apreciação de puras relações de *direito público*[163].

---

159 NAWIASKY, 1962, p. 380 *et seq*.

160 " [...] la simple existencia de jus cogens no constituye Derecho prúblico administrativo, porque para que éste aparezca — y aquí está el criterio de diferenciación con el Derecho privado —es preciso se presente como uno de los sujetos de la relación jurídica la Administración, dispuesta a hacer efectivo por sí misma, un ordenamiento jurídico imperativo" (ALONSO GARCIA, 1960, v. 1, p. 244).

161 Cf. CASTRO Y BRAVO, 1949, p. 96 e 97.

162 JELLlNEK. 1964, p. 61.

163 Cf. JELLINEK, 1964, p. 61, onde se lê: "Die Zuteilung der Kompetenz an Zivil - oder Verwaltungsgerichte kann schon deshalb kein kriterium für den inneren Charakter der betreffenden Rechtssache abgeben, weil notwendigerweise Zivilgerichte über öffentkiches, Verwaltungsgerichte über

O sistema contencioso brasileiro, sobretudo, não comporta esse critério, dada a multiforme competência dos tribunais comuns ou especiais, para o julgamento de questões que versam *relações jurídicas* das mais variadas espécies, e do princípio básico que rege, alicerçado no art. 5º, XXXV, da Constituição Federal de 1988, que dispõe: "a lei não excluirá da apreciação do Poder Judiciário lesão ou ameaça a direito".

Dada a distribuição da competência por matérias, nos respectivos tribunais comuns e especiais (CF/88, arts. 96, 98, 102, 105, 108, 109 e 114), ao contencioso administrativo, bem que decida preponderantemente ou quase exclusivamente questões que costumamos qualificar de *direito público* (impostos, multas administrativas, autorizações denegadas, inscrições de firmas, relações profissionais, etc.), não é vedado conhecer inúmeras outras *relações jurídicas*, entremeadas, autônomas ou consequentes, do chamado *direito privado*. Entretanto, as decisões dos órgãos administrativos são passíveis de revisão pelo Poder Judiciário (CF/88, art. 5º, XXXV).

Tal direção, no sistema competencial brasileiro, não exclui a absorção, em maior ou menor grau, pelos tribunais especiais, de questões oriundas de *relações jurídicas* preponderantemente *públicas* (CF/88, arts. 108 e 109). Os Tribunais do Trabalho, antes restritos às questões peculiares à relação entre empregado e empregador, passaram a ter jurisdição atingido relações jurídicas

---

Privatrecht judizieren müssen, namentlich in Form des Präjudizialurteils, wie den überhaupt Privat - und öffentliches Recht in ein und derselben Sache so innig mit einander verbunden sei Können, das eine prozessuale Scheidung beider Elemente unmöglich ist. Zudem entscheidet der Zivilrichrer durch seine prozessuale Tätigkeit selbst über öffentliches Recht, indem, wie schon aus dem vorangehenden erhellt und im folgenden weiter ausgeführt wird, alle wie immer gearteten Ansprüche aus Rechtsschutz rein publizistischer Natur sind. Die entsscheidung kann daher nur aus dem Wesen der Sache heraus erfolgen". Cf. a sistematização do problema em BERNHARDT, 1968, p. 59 *et seq.* especialmente p. 63.

de direito público com a entrada em vigor da EC 45/2004 que alterou a redação do art. 114 da CF/88, notadamente pela introdução dos incisos VII ("as ações relativas às penalidades administrativas impostas aos empregadores pelos órgãos de fiscalização das relações de trabalho") e VIII ("a execução, de ofício, das contribuições sociais previstas no art. 195, I, a, e II, e seus acréscimos legais, decorrentes das sentenças que proferir").

Quando o Estado não intervém, como *sujeito de direito*, em uma *relação jurídica privada*, para garantir a eficácia (ou reforçá-la) de um preceito estabelecido como *ordem jurídica* – não será ocioso repetir – a sua participação dá-se apenas através da norma.

A injeção de *vontade*, através de que se dá essa participação, deixa, porém, na vontade do titular do direito tutelado o exercício dos poderes jurídicos para fazê-lo efetivo ou assegurar-lhe a eficácia[164].

Exemplificam-se: no caso ds menores, no direito privado, não corre prescrição, até atingirem a maioridade (Código Civil de 2002, art. 198, I, combinado com o art. 286 e 388, II e III e 206, §§ 2º e 3º e Consolidação das Leis do Trabalho, art. 440). Alcançada a maioridade, a relação cai para a órbita exclusivamente *privada* do portador do direito, pois deixa de ser retida na norma a sua eficácia.

No Direito do Trabalho, especialmente, ocorrem situações jurídicas mais complexas, em que se exemplificam, abundantemente, retenções, pela regra de direito, de parcelas de poder jurídico,

---

[164] De toda a propriedade, saliente-se essa passagem de Caio Mário da Silva Pereira, com elucidações em nosso pensamento: "Dentro, ainda, do esquema dos efeitos da cláusula penal, entra a indagação da *renúncia* a ela. É de toda a evidência, e *decorre do caráter privado da matéria*, que o credor *nunca poderá ser compelido a pleiteá-la*, e, menos ainda, a recebê-la pela mesma razão que lhe era lícito contratar sem estipulá-la" (PEREIRA, 1966, v. 2, p. 135 – primeiro grifo, do autor, os demais, nossos).

cuja titularidade não se desprega do sujeito tutelado, mas cujo exercício só se verifica em determinadas condições jurídicas preestabelecidas e resguardadoras de sua hipossuficiência real.

Essa imediação de interesse *público*, que se costuma colocar nas bases do Direito Penal, não vai além de uma *adicionalidade* de tutela de bens jurídicos individuais, que mais fortemente se resguardam através de sanções cumulativas e impostas pelo Estado, que vem a integrar outra *relação jurídica*, como *sujeito de direito*[165].

Referimo-nos a tais situações do agrupamento de *relações jurídicas* de *direito público*, para mais eficazmente se assegurarem os direitos compostos em outras relações de *direito privado*[166].

Vejam-se as infrações, por inobservância de certos preceitos tutelares ou patrimoniais (direito a férias, a salário mínimo, etc.). A *multa* não tem outro significado que o de uma *função adicional*, com o objetivo de garantir a integridade do direito criado.

Evidentemente, nessa hipótese em que o Estado não invade apenas a *relação jurídica privada*, com sua vontade *imperativa*

---

165 Cf. Caio Mário da Silva Pereira (1966, v. l, p. 385), no que se refere ao ilícito civil e ao ilícito penal. À p. 386, em apanhado de grande aproximação, acrescenta que na *superposição* das duas áreas, a da responsabilidade civil e a da responsabilidade *criminal*, há independência de efeitos e de ação, salvo o problema da *coisa julgada*, nos limites do art. 935, do Código Civil de 2002, e arts. 65, 66 e 67 do Código de Processo Penal. cf., ainda, TRABUCCHI, 1962, p. 200, 20 l, e RODIÈRE, 1952, p. 5-6, n. 1.374. A aproximação dos dados desencadeadores das sanções pode ser encontrada na explicação que a *teoria da responsabilidade objetiva faz da culpa:* "L' exigence de la faute comme élément de la resposabilité dans la doctrine commune apparaît comme un dernier vestige de la confusion entre la responsabilité civile et la responsabilité pénale, entre l'indemnité et la peine répressive. Au point de vue répressif, le fait doit constituer une faute; au point de vue de la charge d' indemnité civile, il suffit du lien de causalité" (GAUDEMET, DESBOIS, GAUDEMET, 1965, p. 311. Vide, também, p. 299 *et seq*. Cf, ainda, PEREIRA. 1966, v. 2. p. 288 e 289, e BOEHMER, 1965, p. 27).

166 Cf. Código Civil de 2002, arts. 948 a 954 e 938.

disposta na norma – como *ordem jurídica* – mas, além disso, ele mesmo – como *sujeito de direito* –, compõe outra relação jurídica, sobre a primeira, agora de *direito público*, e entra no círculo jurídico objeto daquele interesse tutelado – surge aí uma situação diversa e que com a primeira não se confunde.

Observe-se que uma lesão a direito criado pela legislação do trabalho, além da ação patrimonial, para repará-la, e da administrativa, que independe da primeira – desde que verificado o evento danoso –, pode ensejar o desencadeamento do processo penal, se se configura o delito de inobservância *fraudulenta* do preceito (*v.g.* Código Penal, art. 203).

A construção teórica, sob esse aspecto, teria a sua correspondente projeção nos chamados mecanismos de tutela, ou seja, nas *vias de defesa* ("*de recours* [...] *auprès d'un tribunal qui* [...] *dira le droit*")[167].

Seria o princípio da *proteção direta* e o da *proteção indireta* que se ajusta, paralelamente, à nossa explicação da *acumulação das relações jurídicas*, para a defesa ou tutela de uma e mesma relação de vida[168].

---

[167] Cf. DABIN, 1952, p. 98. À frente, lê-se, com inteira propriedade: "[...] la défense du droit subjectif incombe à l'interesse ou à la personne chargée de ses interêts, et non pas à l 'organe de la société ou de la loi, le ministère public. L' instrument de protection est simplement mis à la disposition du sujet, qui est libre d' en user ou non, toujours en vertu du principe maîtrise constitutif du droit: maître du droit lui-même et de son exigibilité, le titulaire doit rester, en principe, maître de l'utilisation de la protection. Il n'en sera d'autrement que quand le droit en cause touchera de plus près l'ordre social, auquel cas l'atteinte pourra donner lieu indépendamment de la défense de droit privé, soit à une sanction pénale par suivie d'office, par le ministère public, soit à une action civile en redressement intentée par le même ministère public. Pourquoi cette maîtrise individuelle de la défense, si non parce que la valeur consacrée par la norme objective est, avant tout, celle de l' individu, dont elle est, la propriété?" (p. 99 e 100).

[168] Os institutos da indignidade e da deserdação aparentam *direito público*. Fundam-se em regras imperativas, que acumulam relação jurídicas, mas a sanção é condicionada (cf. Código Civil de 2002, arts. 1814 a 1818, 1962

Na *direta*, ocorreria a *defesa* pelo seu titular, o indivíduo, do *direito subjetivo* (individual), do patrimônio, do bem jurídico, originariamente considerado. Na *indireta*, aquela defesa é como que reforçada pela ação estatal, *pública*, como um comando do *direito objetivo* que, em relações de *poder-dever*, integra o Estado na situação jurídica, conferindo-lhe titularidade em um *direito público* criado, inclusive com efeitos patrimoniais *públicos* (multas) ou penais simples (crimes).

Do que se expôs, adianta-se que o reter o curso prescricional – que comumente se chama instituto jurídico fundado na *ordem pública* – atinge a vontade dos particulares, envolvidos no bem jurídico, objeto de sua consumação.

O Estado, como órgão, não compõe tais relações. Ainda que alicerce, como *norma*, a *vontade* dos indivíduos – e em preceitos inderrogáveis, como *jus cogens* –, o decurso do tempo só atinge a vontade destes e é irrelevante para aquele, Estado.

Tal não se dá quando a autoridade, verificando o fato, administrativa ou penalmente sancionável, não atua, ou autua, multa e não cobra, ou não executa, a prescrição pode ocorrer (Decreto n. 20.910, de 06.01.1932), patrimonialmente, mas o funcionário, pela omissão, cairá, como *sujeito passivo*, com *relação jurídica*, fundada em regra *imperativa*, de natureza administrativa ou penal (*v.g.*, Código Penal, art. 320), como princípio de responsabilidade obliquamente resguardada, e no Capítulo IV, da Lei n. 8.112, de 11.12.90, mais especificamente nos arts. 122 e 124, e no

---

e 1963). Recordam-se os pontos de contrato entre a *cláusula penal* (sanção civil) e a *pena criminal*, no que diz respeito ao reforço de tutela a um bem jurídico lesado, específica ou genericamente (a respeito, cf. MONTEIRO, 1970, p. 237). O entrecruzamento de situações cobertas por relações jurídicas de variada ordem, quanto ao plano da tutela, explica a impostação do Direito Econômico em um como em outro dos tradicionais campos do direito. (vide, a respeito, SOUZA, 1970, v. 1, p. 33-34, 36-37 e 53-55).

Capítulo V, no art. 132[169]. No mesmo sentido, devem ser analisados também os art. 11, inciso II da Lei n. 8.429, de 02 de junho de 1992.

O instituto das nulidades, por exemplo, que forma um complexo extraordinariamente rico de *relações jurídicas* fundadas no princípio da maior intensidade de asseguramento de eficácia – com injetar formalidade, representação ou assistência, na manifestação de atos de vontade, seja no Direito Civil (incapazes[170]), seja no Direito do Trabalho (o empregado, em geral) – não escapa à constelação da ordem eminentemente *privada*[171].

E isto porque os sujeitos passivos e ativos que compõem tais relações jurídicas e de cujos feixes de interesse são portado res, não passam de pessoas jurídicas de *direito privado* ou que (no caso do Estado-empregador) exercitam capacidade jurídica como tais[172].

Vê-se, pois, que a *relação jurídica* de *direito público* como que transparece naquelas situações jurídicas compósitas, em que, para além da simples imiscuição de vontade da *norma na vontade* do indivíduo, o Estado compõe titularidades jurídicas, como *sujeito de direito*, e necessária e incondicionalmente age.

Tais situações, contudo, não excluem que possam figurar como *relações correlatas a relações jurídicas de direito privado*, como anteparo de normas dispositivas e cujo descumprimento não acarreta *sanção* necessária, porque não fundada em um *poder-dever*, mas em ato negocial.

---

169 Assim se expressa, e com acerto, *Batista Martins*: "O exercício de uma função *impõe* ao funcionário o *dever de agir*, não em nome de seus interesses, ou melhor, da finalidade da instituição que representa" (MARTINS, 1960, v. I, p. 36 — grifos nossos).

170 Vejam-se os desdobramentos de incidência e de aplicação do Estatuto da Pessoa com Deficiência (Lei n. 13.146. de 06.07.2015).

171 Cf. TRABUCCHI, *op. cit.*, p. 31 e 32, n. 14.

172 Cf. DU PASQUIER, 1948, p. 113, n. 138.

O princípio da tutela do interesse explica-se, evidentemente, no plano do *direito privado*, na distribuição da *capacidade das pessoas*, na organização jurídica da família, quando o *direito* atenua os laços artificiais-jurídicos de defesa dos interesses e os restitui, natural e individualmente, aos seus titulares ou portadores.

Não por outras razões – argumentam, em fecho conciso, Dulckeit e Schwartz – que o "muito mutável direito individual (na acepção de *direito privado*, digamos, puro) serve, em essência, ao tráfico jurídico patrimonial entre os partícipes jurídicos[173].

A ordem jurídica não flutua sobre a realidade. Assim não a expôs Kelsen, como a muitos pareceu. Cola-se a ela, acompanha-a, penetra-lhe os meandros, lubrifica-lhe os movimentos e neles se ajusta, sem perdê-los num átimo sequer. Visa, com isso, ao menor desgaste, ao prurido mínimo, na afirmação dos interesses.

Uma norma meramente pressentida, em determinadas situações da vida, avulta em outras, como que as domina, como se as contivesse ou retivesse, quando, na verdade, o aparente domínio do preceito sobre o fato tem por fim melhor assegurar o interesse recolhido dentro daquele fato e cristalizado no preceito.

O erro comum dos juristas em raciocinar com interesses dentro da órbita do direito (como, *v.g.*, *interesses públicos* e *interesses privados*), para fins de exegese, resulta da circunstância de omitirem que esses *interesses* já foram considerados em suas imposições ou necessidades ao serem apropriados pela norma

---

[173] "Das sehr viel wandlungsfähigere Individual recht dient in der Hauptsache dem vermögensrechtlichen Verkehr unter den Rechtsgenossen" (*op. cit.*, p. 38, b). É grata a *Stammler* essa idéia de "direito muito mutável" quando, em extremos de ecletismo conceitual, procura compatibilizar os princípios imutáveis, perenes, da Escola Clássica do Direito Natural, com a multiforme e subjacente realidade jurídica, ao dizer que aquele possui "conteúdo variável" (cf. a exposição de REALE, 1965, 102, n. 39, p. 114 *et seq.*, n. 49, 261 *et seq.*, n. 120, especialmente, e p. 298 e 299, n. 134, e a crítica de CAMPOS, 1961, p. 329 a 363).

jurídica, em que se sedimentam em graus diversos de asseguramento de eficácia[174].

As forças naturais do tráfico humano, ao se filtrarem na norma, ali recebem o tônus específico de sua valoração social. São *formas jurídicas* as formas de afirmação de interesses contidas no direito. Sua composição, agrupamento e distribuição, em *relações jurídicas*, em *institutos jurídicos*, em *disciplinas jurídicas*, verificam-se segundo processos técnicos e especiais de depuração, que caracterizam a ciência jurídica, em apreço aos fins de tutela, que visam a alcançar ou preservar.

As formas jurídicas – mais visivelmente no *direito público* – parecem ter estrangulado o interesse fático, quando, na realidade, o condensaram em conteúdos técnicos do mais rígido lineamento, visando a garantir a efetividade daquela porção da realidade social apreendida e convertida em preceito.

O Estado, como *sujeito de direito*, não comparece em tais relações (salvo as administrativas ou as penais). Como *ordem jurídica*, como *norma jurídica*, inocula maior tônus de vontade nos sujeitos tidos por incapazes. A ação jurídica, entretanto, continua limitada à esfera de cada um deles, com os suplementos pessoais que lhes confere a lei (o chamado suprimento de consentimento)[175].

---

174 Vide, incidentemente, a precariedade da opção que faz Salandra, para diferençar o *seguro privado do seguro social* (SALANDRA, 1966, v. 2, p. 26).

175 Essas situações, que qualificamos fronteiriças, conduzem os tratadistas a uma ideia de englobamento porque não desceram à análise de seus dados elementares componentes, como se vê até mesmo em sociólogos ilustres, ao versarem o fenômeno jurídico, visto em seu aspecto interior, segundo esta passagem de Durkheim, transcrita por Georges Gurvitch: "Así, el derecho llamado privado comprende a menudo configuraciones jurídicas enteramente análogas a las incluídas en el derecho público (por ejemplo, derecho familiar, derecho sindical, derecho eclesiástico, etc.), y, a la inversa, el derecho público puede incluir relaciones relativas a contratos que cuentan con privilegio del Estado (por ejemplo, entre el Estado y los concesionários, contratos de abono y de transporte" (GURVITCH, 1963, p. 204).

Quando, porém, o Estado, como *ordem jurídica*, entende necessário àquelas *relações jurídicas*, que denominamos privadas, agregar outra ou outras *relações jurídicas*, a elas apostas, em que o próprio Estado, já como *sujeito de direito*, figura em um dos seus polos como titular de *poderes e deveres jurídicos* (*Können-Sollen*)[176], temos configurada uma relação de direito público.

É o que, comumente designamos por *relações jurídicas criminais* ou *administrativas*, recobrindo *relações jurídicas privadas*[177].

Em seu conjunto, compõem elas os *institutos jurídicos* ou civis, ou comerciais ou trabalhistas (*v.g.*, leis que criam ilícito penal, sancionando aumento de aluguéis fora dos limites permitidos; crimes de sonegação de mercadorias ou venda acima das tabelas de preços, na economia popular; fraudes a salários mínimos ou a outras garantias trabalhistas, etc.)[178].

---

[176] Ainda assim, o poder, a que se contrapõe um dever, quando se reúnem em um mesmo momento de ação jurídica, só pode estruturar-se, juridicamente, através de uma relação de direito (juristisch Relation), como se apreende em *Loening*: "Das Gewaltverhältnis ist ein rechtliches, wenn der Gewaltunterworfene hierzu durch Rechtsnorm verpflicht ist und der Gewaltinhaber zur Ausübung der Gewalt berechtigt oder nach Rechtsnormen sie auszu 'üben verpflicht ist"' (LOENING, Edgar. Staate. In: Handworterbuch der Staatswissenchaften, v. 6. Apud KELSEN. 1962-A, p. 171).

[177] Cf. Max Weber (1964, p. 502 *et seq.*), que nos brinda com uma expressiva imagem da nebulosa histórica, na assimilação conceitual de situações civis e penais e que fizeram desabrochar a técnica jurídica de nossos dias distintas *relações jurídicas*. No campo do Direito do Trabalho, o aspecto dual do problema dilucida-se, como entrevêm autores do porte de Bayon-Chacon y Perez Botija: "La mayor parte de los unitaristas (da jurisdição) lo son por razones de Derecho procesal; nosotros apuntamos nuestra adhesión, teórica y futura, hacia el unitarismo, por razones de Derecho laboral, porque éste es privado en la mayor parte de los casos que el magistrado de Trabajo ha de dilucidar y las posibles relaciones de Derecho público que ofrece, ya dijimos que eran enjuiciables en via contencioso-administrativa" (BAYON-CHACON. PERES BOTIJA, 1962, v. 2, p. 813).

[178] Cf. DABIN, 1952, p. 99 *et seq.*

Tais *relações jurídicas* presumem-se, em sua eficácia, munidas de *sanções necessárias*, e a falta de procedimento (administrativo ou penal, desde que se cientifique o órgão estatal encarregado) acarreta outra e nova *sanção* contra o servidor, que tornou o órgão omisso.

A titularidade de tais sanções, que são *incondicionadas*, importa em seu agrupamento em campos próprios de configuração jurídica, que qualificamos *direito público*.

A ação estatal, a execução da vontade estatal, não dependeria, como condição de desencadeamento da sanção (*Zwang oder Strafe*)[179], de provocação da vontade individual lesada, como tampouco estaria condicionada a seu arbítrio o respectivo exercício.

Ressalve-se, porém, que nos exemplos e situações supracitados, posto que o Estado participe de urna *relação jurídica* como *sujeito de direito*, o fim a assegurar é a tutela daquele interesse individual e cuja defesa obrigou à elaboração de mecanismos jurídicos providos de meios mais complexos de asseguramento de eficácia[180]. A vontade, que está em jogo, todavia, é a vontade estatal, como órgão, que se pontua nas chamadas *relações jurídicas superpostas* ou *apostas*, e não a vontade do indivíduo, ainda que titular imediato de um interesse.

Tais *relações jurídicas*, que se alinham paralelamente, concertam-se em institutos *jurídicos*. Harmonizam-se e compõem conjuntos autônomos de disciplinação jurídica, para a realização de fins específicos em cada um dos preceitos que os englobam. A

---

179 A coação exterior organizada desdobra-se em duas modalidades: a *execução forçada* (*Zwangsvollstreckung oder Vollstreckungszwang*) e a *pena* (*Strafe*) (Cf. NAWIASKY, 1962, p. 34).

180 A potencial idade, que é a indeterminabilidade subjetiva e objetiva prévia de lesão a um interesse individual, pode abrir campo à tutela deste, através de uma relação jurídica pura de direito público, como se verifica nos crimes por emissão de duplicata desacompanhada de venda e/ou entrega de mercadoria ou de prestação de um serviço. A relação jurídica pura traduz-se pelo crime formal (vide, a respeito, PEIXOTO, 1970, p. 205 *et seq*.

técnica de aglutinação atende à matéria social – a porção de interesses humanos que, por sua interafinidade, intervinculação ou a própria necessidade técnico-jurídica de melhor estruturarem-se – que se compartimenta no campo das situações jurídicas e ali é disciplinada.

Estranha é que inúmeros autores viram e vêem a diversificação, mas no campo fosco dos efeitos consumados, sem, contudo, penetrar a mecânica, o lado dinâmico e interno do fenômeno, revelado na técnica jurídica.

Afirma-se – e com toda a propriedade, mas sem se esclarecer inteiramente o desdobramento desse fenômeno – que o *direito público* esponta nas chamadas obrigações pessoais para com a comunidade (*persönliche Verpflichtungen*), que aqui se institucionaliza sob a forma personificada do Estado (*Staat*), e em que as *relações jurídicas* são estabelecidas sob uma rede de vinculação obrigatória, como no caso do serviço militar (*Militäardienst*), o pagamento do imposto (Steuerleistung)[181].

A passagem de conteúdos jurídicos pela faixa de situações que comumente se denominam *publicistas* explica-se por sua

---

[181] Du Pasquier, depois de filiar-se à teoria dos *dois sujeitos*, na estrutura da relação jurídica, e de exemplificar, arremata: "Toutefois, une observation doit être formulée: certains rapports de droit comportent des prestations qui, pour le même sujet, constituent à la fois un droit et un devoi r. Il en est souvent ainsi dans l' exercice des fonctions: les agents du fisc ont à fois le droit e le devoir de s'enquérir des biens imposables que possèdent les contribuables" (1948, p. 105). De excelente rememorização é esta passagem de Levi Sandri: "Altre volte invece l' imperatività della norma (no Direito do Trabalho) è garantita indirettamente atraverso sanzioni che agiscono nel campo del lecito giuridico (penali, amministrative o civili). Tale, ad. es., è il caso di tutte le norme che pongono limitazioni all' autonomia delle parti pel rapporto di lavaro: quelle di tali norme che attengano agli aspetti piú propriamente sanzioni puramente civili (risarcimento del dano) da applicare dal giudice solo su richiesta della parte che vi abbia interesse" (SANDRI, 1959, p. 45-46).

apreensão através de agentes, que são os órgãos estatais ou aqueles que, em determinado momento, se investem de funções estatais.

O *direito público* revela-se nos círculos formais que resguardam a hipóstase do *agente com órgão do Estado*, de que decorrem ações jurídicas tipicamente estruturadas em conteúdos necessários de vinculação.

Em razão disso, a relação de *direito público* está na própria estrutura da organização do poder, na certeza da realização dos fins do Estado, como *ordem jurídica*, pelo *Estado-sujeito-de-direito*: os seus órgãos.

Desde que se aceita a ideia do *estado de direito* - somente sobre ela se pode alicerçar uma teoria jurídica a respeito da ramificação do direito em *público e privado* - compreende-se que as relações entre o Estado, como *sujeito de direito*, e o indivíduo, têm como suposto uma vinculação jurídica, portanto fundada na lei.

A subordinação, a submissão pura e simples ou incondicionada de um indivíduo a outro ou de um indivíduo subordinado ao Estado, como órgão, foge ao campo da juridicidade[182], e isto porque o elo só se arma e legitimamente se completa através da norma jurídica.

Não por outras razões sustentam Nawiasky e Kelsen, com toda a propriedade, que existe subordinação (jamais será exaustivo repetir) à norma jurídica[183]. Esse axioma acha-se implantado no pensamento kelseniano, com sua imediata apreensão global da norma, com o ordenamento jurídico. É categórico e universal. Jamais alguém obriga ou se obriga. Obrigar pode, apenas, a ordem jurídica[184].

---

[182] A lembrarmos os extravios de Dernburg, ter-se-ia aqui, na expresão de Pontes de Miranda, uma "*relação fática*" (1954-1969, v. II, p. 4, n. 2).

[183] Cf. NAWIASKY,1962, p. 215.

[184] "[...] niemals-auch im privatrechtlichen Vertrag nicht-verpflichtet sich jemand selbest. Verplichten kann nur die Rechtsordnung" (KELSEN, 1962-A, p. 72).

Na base da conduta interindividual encontra-se a norma. A natureza, porém, dessa relação, se jurídica, é que definirá os poderes conferidos a um dos sujeitos e os correspectivos deveres, a fim de assegurar a efetividade do bem jurídico (*Prädikat*) tutelado.

A relação jurídica *de poder* compõe-se da autorização para o seu exercício, que abre o campo da legitimação de uma faculdade que tem o Estado, como *sujeito de direito*, para a ação jurídica. Além da autorização, o exercício do poder prende-se a uma *obrigação, a um dever jurídico, impostos*, evidentemente, pela norma jurídica. Aqui, situa-se a relação *jurídica impositiva*, cuja recusa à formação ou ao cumprimento faz presente uma sanção legal, constituída em outra relação, entre órgãos do próprio Estado, que são encarregados da observância das normas jurídicas. É o campo em que se estrutura o ramo que, comumente, titulamos *direito público*.

2 ALIMPAMENTOS FINAIS

Na verdade, a colocação e a explicação de uma teoria em torno da divisão do Direito em público e privado não é tarefa de que se possa desincumbir com umas poucas pinceladas nem com armações engenhosas com as quais se possa montar um quadro nítido em que claramente se visualizem as situações jurídicas componentes de uma ou de outra banda da *summa divisio*.

Em cortes finais, procuraremos aditar alguns dados sempre conotados com os vários aspectos e ângulos da exposição até aqui feita. É possível que, assim, se abram outras trilhas e outros espaços conceituais, através dos quais se alcancem maiores aclaramentos, mostrando-se que as formulações expostas na pesquisa de tão árduo tema façam ver não ser ele tão intrincado como parece à primeira vista.

Bastante sugestiva é a versão ou teoria do Estado elaborada por Loening, na qual, embora verberada por Kelsen, se vê encoberto o fenômeno da interpolação anteriormente explicado e em que se pressente o casulo de um equacionamento objetivo dos elementos formais em que se podem, em realidade, assentar e encontrar os fatores determinantes que informam a divisão do Direito e a existência palpável das duas áreas em que transita a vida jurídica intra-estatal.

Ao conceituar o Estado como *relação jurídica,* Loening dá-lhe a seguinte definição: "O Estado é uma relação jurídica real entre governante e governados (dominante e dominados), reconhecendo, ao mesmo tempo, que uma relação jurídica é uma relação ordenada por normas, de homens para homens, entre legitimados e obrigados"[185]. Enquanto na primeira passagem de Loening deparam-se os variados ângulos da interpolação em que ele incorre, já na segunda admite o publicista a natureza objetiva da relação jurídica, que se destaca de sua versão normativa, o que indicia e autoriza a bipartição do Estado em ordem jurídica (normatividade) e em sujeito de direito (polo da relação jurídica, propriamente dita)[186].

Kelsen, que não se despe de sua ideia-matriz da identidade formal entre o Estado e o Direito acompanhada da subordinação do Estado (certamente como sujeito) ao direito, em crítica aguda, como sempre foi de seu feitio, desvenda que, pela teoria de Loening, o Estado, como identidade real, é pensado independente da norma jurídica, em razão de que, também por aqui, se pode concluir a inverossimilhança da teoria da relação jurídica especial qualificada como Estado[187]. Neste lance mesmo é que Loening,

---

[185] "Der Staat ist ein reales Rechtsverhälnis zwischen dem Herrscher und dem Beherrschten [...] eine durch Rechtsnormen geordnete Beziehung von Menschen zu Menschen, zwischen Berechtigten und Verpflichteten" (Cf. KELSEN, 1962-A, p. 171).

[186] Veja-se a concessão de *Jellinek*, ao admitir o Estado, por entre outras colocações, como relação jurídica (1964, p. 12, III).

187 *Op. cit.*, p. 178.

singular e perspícuo teorista como que e inconscientemente se trai, deixa ver que sua teoria claudica ao não descolar o Estado de sua dupla caracterização, como norma e como sujeito, subordinado o segundo à primeira, como o são todos os indivíduos e pessoas dentro do suposto ordenamento jurídico.

Precisões conceituais e formais. Como se viu, não há por onde confundir a natureza da lei – se imperativa, se supletiva, se interpretativa – com o público ou com o privado da *summa divisio*.

Se, em princípio, a estruturação do *direito público* e a formulação de suas regras se servem a todo momento de normas imperativas, matizadas nos quadros do *Dürfen-Sollen* (poderdever), não quer isto significar que todas as relações jurídicas que transitam por esse ramo do Direito sejam públicas.

O elenco de regras legitimadoras e permissivas, constantes do art 5° da Constituição Federal de 1988, a que se contrapõem e em que se interimiscuem regras proibitivas ou impeditivas (as quais em sua diversidade exauriente contêm o caráter do permitir, do determinar e do proibir - *der Erlaubnis - Gebots – und Verbotscharakrer*[188], é o bastante para demonstrar a massa de direito privado regulada ali prevista. Aliás, o que em nada estranha ao mais despercebido investigador do Direito, o capítulo dos "direitos e garantias individuais", das Constituições, desde a francesa de 1789, a par da Declaração de Filadélfia, de 1787, veio exatamente preservar o princípio da autonomia privada, com direção certa à tutela da liberdade individual e da vontade privada, como está consagrado nos incisos XIII a XXII, do art. 5°, da Constituição de 1988, que regulam o tráfego privado.

Em abordagem exemplificativa, apontam-se os incisos XIII a XXIII, XXVI a XXXVI, do art. 5º, da Constituição de 1988, que regulam o tráfego privado, os direitos *individuais* (ainda que

---

[188] Cf., deduzidamente, Fikentscher, ao expor a *Imperativentheorie* de Engisch (FIKENTISCHER, 1977, v. 4, p. 156-157).

aglutinados em *pessoas coletivas*), assegurados, *ultima ratio*, pelo direito de ação, cujo exercício se rege exclusivamente pelo titular desse direito ou por quem a lei, em nome dele, venha a legitimar (arts. 17, 18 e 19 do Código de Processo Civil de 2015).

Na esfera tomada como privada, cabe ao interessado provocar a prestação jurisdicional, circunstância que a conceitua como *voluntária*. Todavia, não pode recusá-la o Estado, pelos seus órgãos judicantes.

Situações aparentemente indecifradas e enganosas, entretanto, ocorrem quando se manuseia o Código de Processo Penal e se depara o desdobramento aberto pelo seu art. 5º e §5°, em que se distinguem os crimes em de *ação pública* e em de *ação privada*. Nestes, o procedimento não poderá ser iniciado senão mediante provocação da pessoa interessada, formando-se uma relação jurídica fundada no princípio da autonomia da vontade e que não perde tal natureza entre querelante e querelado, em cujo curso aparecem as figuras tipicamente privadas da renúncia e do perdão (*v.g.*, arts. 49 e 51) e da perempção (art. 60), que é efeito (sanção negativa) decorrente da inércia do querelante. Por isso mesmo, fala-se em *queixa*, quando se dispõe sobre os crimes aqui qualificados, os chamados *contra a honra*. O fato de o Estado formar a relação jurídica, como *o tertius* que administra a justiça, não transfigura a relação processual *inter partes* e não a torna pública.

Situação diametralmente oposta é aquela em que o Estado (pela autoridade policial, pelo Ministério Público e mesmo pelo magistrado) comparece na relação jurídica, tratando-se de crimes de *ação pública* (Código de Processo Penal, art. 5º, I e II), cuja ação penal tem curso forçado (vejam-se, por exemplo, os arts. 42 e 60 do Código de Processo Penal), em que não se pode falar em desistência nem em perempção. O arquivamento do inquérito, do processo iniciado, a não apresentação da denúncia e o próprio arquivamento são atos-fatos sujeitos a sanções incondicionadas e transitam dentro de um feixe de relações jurídicas de Direito Público, pois o resultado da ação e do processo ficam sempre condicionados não à vontade do órgão ou autoridade estatal, mas na dependência de um ou mais fatos objetivos (provados, não provados, tipificados, não tipificados), para que se tenha o seu desfecho.

A figura intermédia dos crimes de ação pública, em que se procede somente mediante queixa e mediante representação do ofendido, os crimes contra os costumes[189] não alteram o equacionamento da relação jurídica, que de inicialmente privada (o polo ativo é então a pessoa) passa a ser pública, em razão da superveniente participação obrigatória do órgão público e da sequência do processo como se exclusivamente pública fosse a ação penal. O desfecho e, portanto, as sanções vêm a ser as incondicionadas, independentemente da vontade de quem representou.

A passagem da esfera privada para a esfera pública não elimina, porém, a sucessão e/ou a concorrência de inúmeras relações jurídicas de ordem privada no Processo Civil (seria exaustivo apontá-las todas), regido pelo princípio da dispositividade, mas a que se acham vinculados, por poderes deveres, os agentes do Estado, que é encarregado de administrar a justiça (o magistrado, o órgão do Ministério Público e os servidores forenses).

Nas versões anteriores deste livro ressaltaram-se os arts. 447 a 449, do Código de Processo Civil de 1973, os quais previam possibilidade de conciliação judicial. No espírito do Código de Processo Civil de 2015, o concerto de solução pelas partes é estimulado em vários dispositivos, que estabelecem uma linha principiológica clara, fixada já nos §§2º e 3º do art. 3º.

Citem-se, também e sempre exemplificativamente, os arts. 200 e parágrafo único; 485, VIII; 487, III, b do Código de Processo Civil de 2015.

---

189 Cf. Código Penal, art. 145 e TORNAGHI, 1959, v. 2, p. 149.

É de meridiana clareza que, formalizada a desistência, que é relação jurídica imediata entre a parte-autora e o juiz, e mediata entre ambas as partes, nem por isto se desmistifica a primeira relação jurídica, a entre o autor e o Estado-juiz, de caráter necessário, em que este não pode deixar de homologá-la, extinguindo-se o processo, fruto de ato de natureza privada (arts. 200, parágrafo único, e 485, VIII, do CPC/2015). Se há encargos ou ônus para a parte desistente, cabe ao juiz – em relação jurídica com sanção necessária – examinar e decidir.

Se a predominância, senão a quase exclusividade de relações jurídicas de Direito Público é abertamente perceptível no Processo Penal, jamais se poderá fugir à eventual ocorrência de relações jurídicas de índole privada, ou de seu desencadeamento como se viu acima, que se entrelaçam em relações jurídicas tipicamente de direito público.

Na mesma sequência, aparece o nascedouro de determinados campos procedimentais impulsionado por relações jurídicas de direito público, naquelas ações em que as pretensões e contrapretensões têm por núcleos ou referências um interesse direto ou indireto do Estado, no caso a União Federal, que goza de foro especial ou privilegiado (portanto, de exceção), como se vê do art. 109, I, da Constituição Federal de 1988.

Bastante significativa para o aviventamento dos rumos aqui tomados e assumidos nesta pesquisa é a intensidade legiferante com a crescente e múltipla estruturação de órgãos especiais de atuação e de representação desse interesse público, perante os Tribunais Judiciais, como ocorre com a Lei Complementar n. 73, de 10.02.93, que "institui a Lei-Orgânica da Advocacia Geral da União", a Lei n. 8.682, de 14.07.93, que dispõe sobre cargo na Advocacia Geral, e a Lei Complementar n. 75, que disciplina a organização, as atribuições e o estatuto do Ministério Público da União, em seus vários segmentos, e distribuem entre seus órgãos competências de posição e de ação vinculadas à vontade estatal, preenchidas, portanto, por relações jurídicas de direito público, sujeitos os respectivos órgãos a sanções incondicionadas em caso de inobservância. Haja vista, por sua singularidade enunciativa, mas que em nada estranha à índole das relações jurídicas tuteladas, a proibição aos procuradores e/ou representantes do Poder Público de transacionarem ou de transigirem em ações judiciais do interesse deste.

A desobediência acarreta, de um lado, a nulidade ou ineficácia do ato e, de outro lado, sanções incondicionadas contra a pessoa do órgão desobediente, sanções essas de natureza administrativa, civil e até penal (conluio, por exemplo), cujas relações jurídicas caracterizam, em sua tessitura e em sua malha constitutiva, o direito público.

Se voluntária é a invocação da prestação jurisdicional, consagrado o livre direito de ação (salvo, é evidente, naquelas ações ou atos processuais de interesse direto ou indireto do Estado, como os executivos fiscais, cuja compulsoriedade decorre de sanção administrativa, a que está sujeito o procurador que se omitir ou que negligenciar – cf., *v.g.*, Lei n. 6.830, de 22.09.1980), não pode recusá-la o Estado, pelos seus órgãos judicantes. A passagem da esfera privada para a esfera pública não elimina, porém, a sucessão e/ou concorrência de inúmeras relações jurídicas de ordem privada no processo civil, regido pelo princípio da *dispositividade*, mas se acham vinculados por poderes-deveres os agentes do Estado encarregados de administrarem justiça (magistrados e funcionários forenses).

Para tornar talvez mais elaboradas as linhas conclusivas da pesquisa aqui empreendida, à focagem do tema cabe seja estendida a investigação à Lei n. 8.666, de 21.06.1993, que regula as licitações e contratações administrativas.

Em seu nascedouro, pelo aludido diploma legal forma-se um contrato de direito privado, por um concurso de vontades – a da Administração e a do licitante –, pois ninguém pode ser coagido a contratar, o que, aliás, seria um contrasenso.

O seu art. 54 dispõe que os contratos administrativos "de que trata essa lei regulam-se pelas suas cláusulas e pelos preceitos de Direito Público, aplicando-se lhes, supletivamente, os princípios da teoria geral dos contratos e as disposições de Direito Privado". Na verdade, o objeto da lei é a regulação de um negócio jurídico, que se forma através de requisitos e condições especiais, o que redunda em qualificarem-se de *administrativos* os contratos nela previstos.

Embora a Lei n. 8.666/93 tenha momentos enunciativos que primam pela atecnia, o interesse em analisar-lhe algumas passagens, no caso, é muito grande, por configurar ela uma tentativa conciliadora, manifestamente eclética, de irmanar o público e o privado, apropriando-se de relações jurídicas e até de institutos jurídicos de uma e de outra área, como se verá nos tópicos abaixo.

Com a ênfase inicial ao preceito; de direito público (reminiscência e permissão, certamente, a contratos de direito público, como aqueles constituídos com cláusula de reserva ou de exceção, ou, ainda, na expressão de André Laubadère, "cláusulas exorbitantes"[190], não corresponde nem espelha uma realidade jurídica confiável.

Em primeiro lugar, se se trata de contrato; a sua formação, ou constituição, só pode ser resultante da vontade das partes, como antes foi frisado. Se as cláusulas ou condições de fundo estão previamente dispostas na lei e se as de execução devem dele constar com toda a minúcia, em conformidade com os termos da licitação e da proposta a que se vinculam (art. 54 cit., § 1º, *in fine*, e, *v.g.*, 55, XI e XII), tais requisitos têm paralelismo com o que preceituam os arts. 427 a 434, do Código Civil, embora se achem invertidos na Lei n. 8.666/93 os termos da equação, já que o Estado, que é o verdadeiro proponente, se chama licitante e licitado passa a ser o licitante.

---

[190] LAUBADÈRE,1958, p. 38, a.

Se legais são basicamente as suas cláusulas, tal circunstância não o torna um contrato integralmente *público*, e o fato de subordinarem-se suas cláusulas a um modelo genérico ou padronizado legal não o transmuda em contrato de direito público, o que também ocorre com os contratos de trabalho, regulados e conformados pela lei, desde a qualificação dos sujeitos que o pactuam (CLT, arts. 2° e 3°). Por atração, em face da pessoa pública de um dos contratantes, o Estado, volta-se o contrato impregnado da áurea do público, mas as relações jurídicas que se sucedem em seus institutos jurídicos nem por isto deixam, quase todas elas, de ser privadas (vide art. 65, I e § 1°, da Lei n. 8.666/93).

A vedação a contrato verbal (art. 60, parágrafo único), com sanção automática de nulidade em caso de inobservância – salvo a minúscula exceção aberta no mesmo dispositivo –, nada fica a dever aos art. 107 do Código Civil de 2002, e tal requisito não o desprivatiza. Sujeitos a sanção, em relação jurídica de direito público (portanto, incondicionada), estarão a autoridade ou o órgão estatal que atuarem de modo diverso ao prescrito na lei. A sanção prevista no art. 9° da CLT é condicionada, tratando-se de pretensão de direito patrimonial, pois, para que seja aplicada, dependerá de provocação da pane, ao Poder Judiciário (excepcionem-se, aqui, em situação paralela à do funcionário ou agente no caso do contrato nulo ou desacato às prescrições legais mencionados nos arts. 82 a 85, inclusive com as cominações dos arts. 89 a 99, da Lei n. 8.666/93, o que se dá, da mesma forma, nas relações dos órgãos administrativos encarregados de fiscalizar as relações de trabalho, pelo que consta dos arts. 626 a 642, da CLT). As relações jurídicas, na hipótese, são sempre intra-estatais, de órgão público para com órgão público, carregadas de sanção incondicionada.

A formulação dos arts. 87 e 88, da Lei n. 8.666/93, somente se explica por erro técnico ao não estabelecer à Administração um comando determinante para aplicar sanções ou pena, pois deviam tais artigos irrecusavelmente dispor que a *Administração aplicará*, e não que a *Administração poderá aplicar* como se a sanção estivesse no arbítrio da autoridade. E sabe-se que as normas permissivas-facultativas se situam nos domínios do *direito privado*.

Como a questão do Direito toca, essencialmente, aos fins a que ele se propõe e aos meios por ele empregados, em termos de asseguramento de eficácia, há por concluir que a clássica divisão do Direito em público e em privado não é arbitrária, mas atende a formas técnicas de garantia dos objetivos visados na ordem jurídica, em que são distintamente distribuídos e organizados os interesses das pessoas reconhecidas como tais, inclusive os de ordem estatal.

Contracenando com Kelsen, podemos lembrar, uma vez mais, a advertência castelhana: *yo no creo en brujas pero que las hay las hay*. A tarefa do investigador, portanto, é localizar e distinguir as bruxas no exato momento em que elas aparecem, e não as espantar a esmo, como se fantasmas fossem e não tivessem uma peculiar função a cumprir no ordenamento jurídico, como forma de assegurarem-se os efeitos visados nas normas jurídicas.

Referências bibliográficas

ALBUQUERQUE, Francisco Manuel Xavier de. O direito processual na Constituição de 67. *Revista de Informação Legislativa*. Brasília, 6 (22): 3-12; 1969.

ALONSO GARCÍA, Manuel. *Derecho del trabajo*. Barcelona: Bosch, 1960, 2.v.

ÁLVARES, Walter Tolentino. *Curso de direito da energia*. Rio de Janeiro: Forense, 1978.

______. Direitos tecnológicos. *Revista do Instituto de Direito da eletricidade*. Belo Horizonte, 12: 56-59, set. /1970.

______. *Introdução ao direito da eletricidade*. Belo Horizonte: Instituto de Direito da Eletricidade, 1969.

ALVIM NETTO, José Manoel de Arruda. Mandado de segurança e sua aplicabilidade ao direito tributário. *Revista de Direito Público*, 5:41-42, jul./set., 1968.

ANDRADE, Manuel A. Domingues de. *Teoria geral da relação jurídica*. Coimbra: Almedina, 1964, 2 v.

ARANGIO-RUIZ, Vicente. *Historia del derecho romano*. Madrid: Reus, 1943.

ARIAS RAMOS, J. *Derecho romano*. 4. ed. Madrid: Revista de Derecho Privado, s/d.

ASCARELLI, Tulio. *Teoria geral dos títulos de crédito*. Trad. de Nicolau Mazo. São Paulo: Saraiva, 1943.

ASCENÇÃO, José de Oliveira. *As relações jurídicas reais*. Lisboa: Morais, 1962.

BARASSI, Ludovico. *Istituzioni di diritto civile*. 4. ed. Milano: Giuffrè, 1955.

BASTOS, Jacinto Fernandes Rodrigues. *Das relações jurídicas*. Viseu: Tipografia Serra, 1967.

BATIFFOL, Henri. *Problèmes de base de philosophie du droit*. Paris: LGDJ, 1979.

BAYON-CHACON. Gaspar y PERES BOTIJA, Eugenio. *Manuel de derecho del trabajo*. 3. ed. Madrid: Marcial Pons, 1962, 2. v.

BERLET, Winfrid von. *Das Verhältnis von Sollen, Dürfen und Können*. Bonn: H. Bouvier, 1968.

BERNHARDT, W. *Das Zivilprozesrech*. 3. Autl. Berlin: W. de Gruyter, 1968.

BEVILACQUA, Clovis. *Teoria geral do direito civil*. 4. ed. Rio de Janeiro: Francisco Alves, 1949.

BOBBIO, Norberto. *Teoria della norma giuridica*. Torino: G. Giappichelli, 1958.

BODENHEIMER, Edgar. *Ciência do direito*. Trad. de Enéas Marzano. Rio de Janeiro: Forense, 1966.

_______. *Teoría del derecho*. Versión española de Vicente Herrero. México: Fondo de Cultura Económica, 1946.

BOEHMER, Gustav. *Einfürhrung in das bürgerliche Recht*. 2. Aufl. Tübingen: J. C. B. Mohr, 1965.

BONUMÁ, João. *Direito processual civil*. São Paulo: Saraiva, 1946.

BURDEAU, Georges. *Traité de science politique.* Paris: R. Pichon et R. Durand-Auzias, 1949.

BUZAID, Alfredo. Juicio de amparo e mandado de segurança. *In: Estudos de direito processual, in memoriam do Ministro Costa Manso.* São Paulo: Revista dos Tribunais, 1965.

CAMPOS, Carlos. *Hermenêutica tradicional do direito científico.* Belo Horizonte: Cardal, 1932.

______. *Sociologia e filosofia do direito.* 2. ed. Belo Horizonte: Cardal, 1961.

CAMPOS, Francisco. *Direito constitucional.* Rio de Janeiro: Freitas Bastos, 1956.

CARNELUTTI, Francesco. *Teoría general del derecho.* Trad. Francesco Javier Osset. Madrid: Revista de Derecho Privado, 1955.

CASTRO, Amílcar de. O direito e a ordem jurídica. *Revista de Direito da Faculdade de Direito da UFMG.* Belo Horizonte, 18(7): 111-135, out. 1967.

______. *Direito internacional privado.* 2. ed. Rio de Janeiro: Forense, 1968, 2 v.

______. Do trabalho em direito internacional privado. *Revista da Faculdade de Direito da UFMG.*, Belo Horizonte, 11(5): 180-181, out. 1965.

CASTRO, Anselmo de. *Lições de processo civil.* Coimbra: Almedina, 1967.

CASTRO Y BRAVO, Federico. *Derecho civil de España.* 2. ed. Madrid: Instit. de Estudios Políticos, 1949.

CASTRO, Torquato. *Ação declaratória.* 3. ed. Recife: Universidade Federal de Pernambuco, 1971.

CARVALHO, Orlando de. *A teoria geral da relação jurídica:* seu sentido e limites. Coimbra: Centelha, 1981.

CARVALHO NETO, Menelick de. *A sanção no procedimento legislativo.* Belo Horizonte: Del Rey, 1992.

COSTA, Wille Duarte. *Relação jurídica:* conceito e estrutura. Belo Horizonte: Del Rey, 1994.

CUNHA GONÇALVES, Luís da. *Tratado de direito civil.* São Paulo: Max Limonad, 1955, 15 v.

DABIN, Jean. *Le droit subjectif.* Paris: Dalloz, 1952.

______. *L' État ou la politique.* Paris: Dalloz, 1957.

______. *Teoría general del derecho.* Trad. Francisco Javier Osset, Madrid: Revista de Derecho Privado, 1955.

DANTAS, Francisco Clementina Santiago. *Problemas de direito positivo.* Rio de Janeiro: Forense, 1953.

DI RUFFIA, Paolo Biscaretti. *Diritto costituzionale.* Napoli: Dott. Jovene, 1969.

DUGUIT, Léon. *Manuel de droit constitutionnel.* Paris: E. Boccard, 1923-A.

______. *Traité de droit constitutionnel.* Paris: E. Boccard, 1923-B, 5. v.

DULCKEIT, Gerhard, SCHWARTZ, Fritz. *Römisches Rechtsgeschichte.* 4. Aufl. München: C. H. Beck' sche Verlagsbuchhandlung, 1966.

DU PASQUIER, Claude. *Introduction à la théorie générale et à la philosophie du droit.* 3. ed. Paris: Delachaux & Niestlé, 1948.

FERRI, Luigi. *La autonomía privada.* Trad. Luís Sancho Mendizabal. Madrid: Revista de Derecho Privado, 1968.

FIKENTSCHER, Wofgang. *Methoden des Rechts*. Tübingen: JCB Mohr, 1977.

FRANCISCI, Pietro de. *Sintesis histórica del derecho romano*. Madrid: Revista de Derecho Privado, 1954.

FORSTHOFF, Ernst. *Lehrbuch des Verwaltungsrechts*. 9. Aufl. München: C. H. Beck' sche, 1966.

______. *Tratado de derecho administrativo*. Trad. Legaz Lacambra, Garrido Falla e Gómes de Ortega y Junge, Madrid: s/ed., 1958.

GARCIA MAINEZ, Eduardo. *Introducción al estudio del derecho*. 19. ed. México: Porruá, 1971.

GAUDEMET, Eugène *et al*. *Théorie générale des obligations*. Paris: Sirey, 1965.

GASS, Ernst. *Ursache, Grund, und Bedingung in Rechtgeschehen*. Koln: Hermann Bohlaus Nachf./Graz, 1960.

GAVAZZI, Giacomo. *Norma primarie e norme secondarie*. Torino: Giappichelli, 1967.

GOLDSCHMIDT, James. *Problemas generales del derecho*. Buenos Aires: Depalma, 1944.

GOMES, Orlando. *Direito de família*. Rio de Janeiro: Forense, 1968.

GURVITCH, Georges. *Tratado de sociologia*. Trad. María C. Eguibar. Buenos Aires: Kapeluz, 1963.

HAURIOU, Maurice. *Derecho público y constitucional*. Traduc ción, estudio preliminar, notas y adiciones por Carlos Ruiz del Castilho. 2. ed. Madrid: Reus, s/d.

HERICHEL, W. *Arbeitsrecht*. Düsseldorf: Schwann Kohlhammer V., 1964.

HIPPEL, Robert von. *Deutsches Strafrecht*. Berlin: Julius Springer, 1925.

HOFFMANN, Paul. *Subjektives Recht und Wirtschaftsordnung*. Stuttgart: Gustav Fischer., 1968.

HORTA, Raul Machado. *A autonomia do Estado-Membro no direito constitucional brasileiro*. Belo Horizonte: s/ed., 1964.

_______. Relatório da comissão especial. *In: Estudo sobre ordem econômica e social*. Belo Horizonte: Imprensa da Universidade, 1960.

JELLINEK, George. *System der subjektiven öffentlichen Rechte*. 2. Aufl. Tübingen: Scientia, 1964.

KASER, Max. *Römisches Privatrecht*. 5. Aufl. München: C. H. Beck' sche, Verlagsbuchhandlung, 1966.

KELSEN, Hans. *Der Soziologische und der Juristische Staatsbegriff*. 2. Aufl. Tübingen: Scientia Verlag Aalen, 1962-A.

_______. *Hauptprobleme der Staatsrechtslehere*. 2. Aufl. J. C. B. Mohr (Paul Siebeck), 1923-A.

_______. *La idea del derecho natural y otros ensayos*. Trad. Francisco Ayala. Buenos Aires: Losada, 1946.

_______. *Österreichisches Staatsrecht*. Tübingen: J. C. B. Mohr (Paul Siebeck), 1923-B.

_______. *Teoría general del estado*. Trad. Legaz Lacambra. México: Nacional, 1959.

_______. *Théorie pure du droit*. Trad. Charles Eisenmann. Paris: Dalloz, 1962-B.

_______. *Reine Rechtstehre*. Wien: Franz Deuticke, 1983.

KORKOUNOV, N. M. *Cours de théorie générale du droit*. Trad. M. J. Tchernoff. Paris: Giard & Brière, 1930.

KRÜGER, Herbert. *Allgemeine Staatslehre.* 2. Aufl. Stuttgart Mainz: W. Kohlhammer, 1966.

LABAND, Paul. *Deutsches Reichstaatsrecht.* Tübingen: J. C. B. Mohr (Paul Siebeck), 1919.

LANGE, Heinrich. *BGB-Allgemeiner Teil. 10.* Aufl. München: C. H. Beck' sche, 1968.

LARENZ, Karl. *Algemeneiner Teil des Deutschen Bürgerlichen Rechts.* München: C. H. Beck' sche Verlagsbuchhandlung, 1967.

LAUBADÈRE, André de. *Droit administratif spécial.* Paris: Presses Universitaires, 1958.

LECLERC, Jacques. *Le fondement du droit et de la societé.* 4. ed. Namur: Wesmael-Charlier, 1957.

LEGAZ-LACAMBRA, Luis. *Filosofía del derecho.* Barcelona: Bosch, 1953.

_______. *Horizontes del pensamiento jurídico.* Barcelona: Bosch, 1947.

LEHMANN, Heinrich, HÜBNER, Heinz. *Allgemeiner Teil des bürgerlichen Gesetzbuches,* Berlin: Walter de Gruyter, 1966.

LESSA, Pedro *et al. Dissertações e polêmicas* (estudos jurídicos). Rio de Janeiro: Jornal do Commercio, 1909.

_______. *Estudos de philosophia do direito.* 2. ed. Rio de Janeiro: Francisco Alves, 1916.

LOPES, Miguel Maria de Serpa. *Curso de direito civil.* Rio de Janeiro: Freitas Bastos, 1953.

MACHADO NETO, A. L. *Compêndio de introdução à ciência do direito.* São Paulo: Saraiva, 1969.

MANIGK, Alfred. Rechtshandlungen. *In:* STIER-SOMLO, Fritz von, ELSTER, Alexander. *Handwörterbucher Rechtswissenschaft.* Berlin: Walter de Gruyter, 1927, v. 4.

MARQUES, J. Dias. *Introdução ao estudo do direito.* 3. ed., Lisboa: Livraria Petroni, 1970.

MARTINS, Fran. *Contratos e obrigações comerciais.* Rio de Janeiro: Forense, 1961.

MARTINS, Pedro Batista. *Comentários ao Código de Processo Civil.* 2. ed. Rio de Janeiro: Forense, 1960, 3. v.

MATTA-MACHADO, Edgar de Godoy. *Introdução à ciência do direito.* Belo Horizonte: Optimus Studio, s/d.

MAUNZ, Theodor. *Deutsches Staatsrecht.* 15. Aufl. München: C. H. Beck' sche, 1966.

MICHOUD, Léon. *La théorie de la personnalité morale.* Paris: LGDJ, 1906.

MONTEIRO, Washington de Barros. *Curso de direito civil.* São Paulo: Saraiva, 1970, 6. v.

MORAES FILHO, Evaristo. *Introdução ao direito do trabalho.* Rio de Janeiro: Forense, 1956, 2. v.

MORTATI, Constantino. *Istituzioni di diritto pubblico.* 8. ed., Padova: Cedam, 1969.

NAWIASKY, Hans. *Allgemeine Staatslehre.* Einsiedeln-Zürich-Köln: Verlagsanstalt Benziger, 1952-1958.

______. *Staatstypen der Gegenwart.* St. Gallen: Beck' sche Buchhandlung, 1934.

______. *Teoría general del derecho.* Trad. José Zafra Valverde. Madrid: Rialp, 1962.

NIPPERDEY, Hans C. *Arbeitsrecht.* München: C. H. Beck' sche, 1968.

NUNES, Castro. *Do mandado de segurança* .7. ed. Rio de Janeiro: Forense, 1967.

PAWLOWISKI, Hans-Martin. *Das Stiudium der Rechtswissenschaft.* Tübingen: J. C. B. Mohr (Paul Siebeck), 1969.

PALERMO, Antonio. *Manuale di diritto del lavoro e della sicurezza sociale.* Milano: Giuffrè, 1957.

PEIXOTO, Carlos Fulgêncio da Cunha. *O cheque.* 2. ed. Rio de Janeiro: Forense, 1959, 2 v.

_______. *Comentários à Lei de Duplicatas.* Rio de Janeiro: Forense, 1970.

PEREIRA, Caio Mário da Silva. *Instituições de direito civil.* 2. ed., Rio de Janeiro: Forense, 1966, 4 v.

PFAFF, Dieter. Das Problem der Unterscheidung Öffentliches und privates Recht in der Entwicklung der sowjetischen Rechtslehre. *In:* SPIES, Otto, von. *Zeitschrift für vergleichende Rechtswissenschaft.* Stuttgart: Ferdinand Enke, 1968, v. 70.

PONTES DE MIRANDA, Francisco Cavalcanti. *Comentários à Constituição de 1967.* São Paulo: Max. Limonad, 1967.

_______. *Comentários ao Código de Processo Civil.* 2. ed. Rio de Janeiro: Forense, 1958, 15 v.

_______. *Tratado de direito privado.* Rio de Janeiro: Borsoi, 1954-1969.

POUND, Roscoe. *Introdução à filosofia do direito.* Trad. Álvares Cabral. Rio de Janeiro: Zahar, 1965.

_______. *Introduzione a la filosofia del diritto.* Trad. Giovanni Tarello, Firenze: Sansoni, 1963.

QUEIRÓS, João José de. Distinção entre o direito público e o direito privado. *In:* JAMESON, Samuel H. *Direito administrativo.* Rio de Janeiro: Fundação Getúlio Vargas, 1962.

RADBRUCH, Gustavo. *Filosofia do direito.* Trad. L. Cabral de Mancada. 4. ed. Coimbra: Armênio Amado, 1961, 2 v.

RAMALHETE, Clóvis. Tratamento jurídico das revoluções. *Revista de Informação Legislativa,* Brasília, 6(22): 13-26, 1969.

RÁO, Vicente. *O direito e a vida dos direitos.* São Paulo: Max Limonad, 1952, 3 v.

REALE, Miguel. *Filosofia do direito.* São Paulo: Saraiva, 1965.

RENNER, Karl. *The institutions of private law on their social functions.* London: Manhein, 1949.

RIGAUX, François. *Introduction a la science du droit.* Bruxelles: Vie Ouvrière, 1974.

RÖDER, Karl David August. *Grundzüge des Naturrechts oder der Rechtsphilosophie.* 2. Aufl., Leipzig: Winter, 1860.

RODIÈRE, René. *La responsabilité civile.* Paris: Rousseau, 1952.

ROUBIER, Paul. *Droits subjectifs et situations juridiques.* Paris: Dalloz, 1963.

_______. *Théorie générale du droit.* 2. ed. Paris: Sirey, 1951. SALANDRA, Vittorio. *Manuale di diritto commerciale.* Milano: Giuffrè, 1966.

SANDRI, Lionello R. Levi. *Appunti di diritto del lavoro.* Milano: Giuffre, 1959.

SAVATIER, René. *Du droit civil au droit public.* Paris: R. Pichon et R. Durand-Auzias, 1950.

SAVIGNY, Frederico Carlos *et al. La ciencia del derecho.* Trad. Werner Goldschmidt. Buenos Aires: Losada, 1949.

_______. *Sistema de derecho romano actual.* 2. ed. Madrid: Centro Editorial de Gôngora, s/d.

SCHMITT, Carl. *Teoría de la constitución.* Trad. Francisco Ayala. Madrid: Revista de Derecho Privado, s/d.

SEIDL, Erwin. *Römisches Privatrecht.* Köln-Berlin: Carl Heymanns, 1963.

SILVA, De Plácido e. *Vocabulário jurídico.* Rio de Janeiro: Forense, 1963.

SOUZA, Washington Peluso Albino de. *Direito econômico e economia política.* Belo Horizonte: Prisma, 1970.

SPRANGER, Eduardo. *Psicología de la edad juvenil.* Madrid: Revista de Occidente, 1954.

STAMMLER, Rudolf von. *Doctrinas modernas sobre el derecho y el Estado.* Trad. Juan José Bremer, México: Comp. General, 1941.

_______. *Economía y derecho.* Trad. W. Reus. Madrid: Reus, 1929.

_______. *Rechtsphilosophische Abhandlungen und Vorträge.* Charlottenburg: R. Herse, 1925, 2 v.

STIER-SOMLO, Fritz. *Die Verfassung des Deutschen Reichs vom 11 August 1919.* Bonn: A. Marcus, 1925.

STIER-SOMLO, Fritz, ELSTER, Alexander. *Handwörterbuch der Rechtswissenschaft.* Berlin u. Leipzig: Walter de Gruyter, 1928.

TASSO, Torquato. *Ação declaratória.* 2. ed. São Paulo: Saraiva, 1942.

THON, August. *Rechtsnorm und subjektives Recht.* Stuttgart: Scientia Verlag Aalen, 1964.

TORNAGHI, Hélio. *Instituições de processo penal.* Rio de Janeiro: Forense, 1959.

TRABUCCHI, Alberto. *Istituzioni di diritto civile.* 13. ed. Padova: Cedam, 1962.

TUHR, Andreas von. *Der Allgemeine Teil des Deutschen Bürgerlichen Rechts.* Berlin: V. Dunker & Humblot, 1957.

VARELA, João de Matos Antunes. *Das obrigações em geral.* Coimbra: Almedina, 1970.

VlLHENA, José Maria. *Do princípio de autoridade; causa, educação e finalidade do poder.* Poços de Caldas: Typo Machadinho, 1939.

VILHENA, Paulo Emílio de Andrade. Conexidade pela *causa excipiendi* e individuação da causa. *Revista dos Tribunais,* São Paulo, 57(395): 27-32, set., 1968.

WEBER, Max. *Economía y sociedad.* Trad. José Medina Echavarría y otros. México: Fondo de Cultura, 1964, 2. v.

WIEACKER, Franz. *História do direito privado moderno.* Lisboa: Fundação Calouste Gulbenkian, 1980.

WINDSCHEID, Bernardo. *Diritto delle pandette.* Trad. Carlo Fadda e Paolo Emilio Bensa. Torino: UTET, 1930.

WOLF, Hans J. *Verwaltungsrecht.* 2. Aufl. München und Berlin: C. H. Beck' sche Verlagsbuchhandlung, 1967, v. 3.